鲍德里亚媒介批判理论

拟真化

生存

刘文嘉 著

商务印书馆
创于1897
The Commercial Press

以媒介为支点，哲学想撬动什么？

将来回顾起来，"元宇宙"应该是 2021 年重要的年度关键词，虽然其生命力几何最终还要看时间的检验。

自这个秋天扎克伯格将脸书（Facebook）的母公司更名为 Meta 之后，元宇宙（Metaverse）的热度就溢出了科技和社交媒体圈层，逐渐成为一个公共概念：资本巨头纷纷入场，游戏产业蓄势待发，社交媒介掀起新的讨论热潮。虽然至今尚无人能示范性地给它以明确定义，但其指向已经有了一个大体轮廓：一个有系统商业和社会规则的沉浸式虚拟空间，平行于物理空间，每个人都可以以一种赛博人的方式在那里进行新的生存，甚至构筑属于自己的"文明"。

这不是科幻小说，也非一个数字乌托邦，而是正在降临的生活。想想看，脸书的用户数量接近地球上人口的一半，超过历史上任何一个伟大的帝国；微信"月活"突破十亿，将地理上的庞大疆域浓缩进了一个线上社群：媒介早已有了创造一个独立空间的潜力。现在它又有了更大的"雄心"，用法国哲学家鲍德里亚的方式，把人们关于元宇宙的复杂讨论化约一下，不就是这个结论么——

"媒介要创造宇宙！"

目前人们兴奋与茫然交错的心境，就如同鲍德里亚在其最后的哲学作品之一《冷记忆》中所描绘的一样：

> 这只是个开头。我们是土著人，是虚拟时代的类人猿——在宇宙历史中刚刚处于火的发明和直立行走阶段。从逻辑上讲，我们还有待于被一种更强大的统治力量开发和殖民。

像箴言也罢，像谶纬也好，鲍德里亚晚期的著作就是如此——不再进行传统的概念考证和哲学论证，而是以散文、游记、评论的方式进行一种反本质、反建构的写作。然而，这反而使他的媒介批判有了一种先知般的预言感，拓展了哲学介入现实的方式，留下了更多批判延伸的可能性。当人类整体性地进入线上化生存，而这种生存方式还未经过充分的哲学反思，我们确实应该关注鲍德里亚所选取的媒介"支点"，看看他在撬动什么。

一方面，他可能想用媒介来撬动我们对本体论的理解。

本体论作为哲学思考的第一追问，探求的是一切实在的最终本性，即寻找"存在"本身，致力于建构一般存在与世界本质的形而上学。柏拉图所追问的万事万物背后的"理念"，亚里士多德心心念念的"最高实体"，都是经典的本体论建构。古希腊经典的本体论有一个共同特点，就是实体是先验的，是已成之物、命定之物，因此是时间之外、逻辑在先的。

上述本体论的建构方式在现代遭遇了反思与颠覆。海德格尔领衔的存在主义将"存在"（Sein）还原到"时间"（Zeit）当中；现象学将"现象"（而不是古希腊的本质或实体）作为理性唯一的对象，最终将"时间性"（Zeitlichkait）引入空间当中。"存在"由历史之外的既定之物变为在历史延展性中的生成状态，这有着非常关键的意义。特别通俗地说，由于这种转变，我们才有底气在今天的教科书中提出，我们所持的是辩证的、实践的、发展的观点，反对形而上学（古典本体论）静止的、二元对立的观点。这个眼光，是包括马克思主义在内的现代哲学赋予的。

然而，进入现代性批判后，鲍德里亚以"拟真"（simulation）为关键词的媒介理论，恰恰提出了一种取消上述时间性的新的形而上学。拟真是一种符号模型先于真实的状态，用以形容当下成熟的资本社会中由吞噬一切的符号组成的媒介之网，代表了资本社会的一种新的总体性。符号与符号之间的差异性关系是第一位的，它们本身完整自足，不再表征某种实体或本质。如果这里需要借助例子理解，则可以想想元宇宙：在这种沉浸式的媒介生存中，借由符号的重新编码，一切历史都可以再造，一切历史事件都可以从线性排列变为扁平铺开，金字塔和迪士尼可以同时出现，上帝与口红可以处于相同符号等级（刘文嘉此书中有很多鲜活的、当下的例子）。也就是说，在拟真当中，既没有了古典本体论中万事万物背后的本质、实体，也取消了近代本体论的时间性。那么，"存在"到底是什么，又何以名状？

笔者觉得鲍德里亚难以明确回答这个问题，所以"消失"才最终成为其媒介批判的落脚点。"为什么总是有些什么，而非空无一物？"在生命最后的作品中，鲍德里亚引用莱布尼兹这句诘问开篇，是对新资本控制方式的一种深入反省，也是对作为第一哲学的本体论的唤回（call back）。或者说，可能只有上升到本体论层次，我们才能体会到媒介生存的深层痛感。

另一方面，他想用媒介来撬动对主体性的认识。

主客二分是现代人的基本视角，是一种日用而不觉的思维模式。这个模式到底从哪里来的？其实就是笛卡尔那句著名的"我思故我在"。它确定了一件事：主体性取决于自我意识的确定性。能动的、理性的自我成为现代哲学的内核，客体则成为这种意识建构的对象。理性的张扬、能动性的强调、现代人思维方式的形成，某种意义上都从这里肇始。

笛卡尔所释放出的主体性幽灵，越到晚近越引发哲学的纠结。因为，按照近代西方哲学的知识论传统，人类的文明大厦必须建立在对存在本身的概念把握之上，即只有在概念的思维中，我们才有关于存在的真理。结构主义语言学在20世纪初的兴起，产生了将主体从结构当中驱逐出去的势能；马克思主义的学术后裔在法国产生了结构主义和人本主义两派，进行了长达数十年的争论，焦点就在于是人的革命力量在推动历史，还是诸如生产力和生产关系的矛盾关系（结构）在推动历史。在取消主体还是挽救主体、张扬人的理性意志还是遵循科学（结构）的纠结中，鲍德里亚开启了自己完全独特的解决之道。

如刘文嘉在本书中所言，鲍德里亚的方式可以喻称为"以退出游戏的方式参与游戏"。即是说，既然主体性已经不能挽救，那就干脆站在客体的立场上，将资本逻辑推演到极致，看看能发生什么——这就是鲍德里亚所谓的"致命的策略"。这个策略一旦建立，所有的问题都因为其破坏性而迎刃而解，主体性哲学的问题被取消，本质与意义的阐释成为虚无，符号-物的恐怖主义也最大限度得以释放，符号的无限繁衍和超速增殖形成了一种吞噬一切的表面性。鲍德里亚站在意义和本质的反面，把全部理论身家押注在了表面游戏上。

致命的策略最终最大化地展现在以拟真为关键词的媒介批判中。资本形成了消融主客的、流动着不断自我增殖的符号的扁平之网，最好的表征就是媒介。媒介成为资本的新架构方式，现代人被压平到智能终端的屏幕当中，已无法将本质从媒介中剥离出来，也无法将理性、意志与媒介的统计和模拟分离开来，甚至不再可能经历异化（因为异化模式预设了人的本质的复归），当然也就无法在这个平面之外去寻求革命性和批判性，唯有和拟真世界一起内爆。刘文嘉认为，鲍德里亚以退为进，以一种彻底反主体性的态度，为挽救主体性发出激烈的警告。

挽救主体性在现实语境中意味着始终对当下的媒介生存保持一种批判能力，保持对资本秩序的异质性。于 2007 年去世的鲍德里亚没有深入地经历社交媒体革命，但却以一种先知般的视野描绘了这种完全沉浸式的符号世界，以及在此世界中时间性与否定性的消失。在元宇宙迎面向人类走来的时候，他留下的哲学问题也横亘在我们面前：这种趋势，到底是值得追求的，还是不可抗拒的？如果是后者，又该如何建立批判性维度？这正是刘文嘉此书最后的现实落脚点。

对本体论和主体性问题的讨论虽然是《拟真化生存》一书的理论基石，但作者并没有让此书囿于一种晦涩的哲学表达。恰恰相反，它的写法忠实于鲍德里亚所隶属的那个批判理论传统中逻辑展开的方式:朝向问题,介入现实,保持哲学对前沿性问题的追踪,同时也向大众读者敞开哲学入口。

从硕士到博士,文嘉一直问学于清华园,虽然没离开哲学专业,但在研究选题上一直把时代与文化作为深化哲学思考的触角,以期在形而上与形而下之间达成一种思辨的张力。我觉得这对于置身于全球化、信息化时代的每个人来说,实是一种别无选择的选择,因为我们无法回避。苏格拉底讲"未经反省的生活是不值得过的",在反思中前行,这也许是人的宿命。所以,作为哲学博士和亲手架构过移动端平台的资深媒体人,我感到她可能是比较适合讨论媒介权力和主体命运这一时代课题的人。

是为序。

邹广文

2021 年初冬记于清华园

目　录

第一章　寻找一个透视媒介的哲学媒介

今天被众多媒体争相使用的 VR 全景技术,抽取自然场景的因素进行组合和视觉优化,产生了比眼见更逼真的效果和沉浸感,从一个最直观的角度呈现了超真实的那个"超"字。"超",代表了一种对真实的僭越,并不是一般常识所理解的掩盖真实,而是取代了后者的真理位置,把所有的"真实"当作从属材料进行吸收、编辑、加工、消费。

晚近,媒介生态随着包覆一切的互联网发生了巨大变革。资本、媒介、技术三位一体的大型社交平台形成了:地球近一半的人口活跃在脸书(Facebook)上,微信的"月活"接近中国人口总数,推特(Twitter)成为特朗普治国的第一政治工具。媒介本身生长出了穿透政权和组织的力量,"人"则进一步被抽象为二维码。这个现实构成了对现代政治、经济、权力体系以及社会治理的深层挑战,构成了知识形成、个体生存、社会嬗变中的关键变量,但目前还未经过充分的哲学反思。在众多可选择的哲学视角中,从 20 世纪 80 年代绵延至 21 世纪的法国哲学家让·鲍德里亚(Jean Baudrillard,1929—2007)的媒介批判理论,彰显出了敏锐的预判性。他认为：媒介由结构性符号组成，符号间的彼此关系形成了完整的自足性，已经剥离了人的意志或意见，使主体处于多余状态；一种"新真实"，或者说"超真实"产生了，当下的生活就是拟真化生存。

鲍德里亚尖锐地提示媒介权力和主体命运，意在以媒介为"媒介"，形成对资本社会新的总体性批判。他晚期的媒介批判以一种特别的方式回应了西方马克思主义的两个主要问题：一个是主体性能否挽救的问题；另一个是革命主体如何塑造的问题。因此，挖掘他的媒介批判理论，既能释放哲学对当下媒介生态的解释力，也有利于开掘马克思批判理论的更多可能性，在今天新资本形态和新媒介形态交互激荡的场景下，使哲学始终在场。

第一节　媒介权力与主体命运

鲍德里亚，当代法国哲学家。评论者赠予他一系列名号，例如"后现代主义牧师""知识的恐怖主义者""西方马克思主义者""反马克思主义者"。鲍德里亚（2009b：113）自己则在晚年的散文体哲学文本《冷记忆》中这样总结自己的理论人生："二十岁时为荒诞玄学家——三十岁时为情境主义者——四十岁时为空想家——五十岁时为横跨一切者——六十岁时为病毒家和转喻家——这就是我的整个历史。"

我们可以沿着这条自我评价来追溯一下鲍德里亚的学术历程，寻找他理论中一以贯之的线索。"三十岁时为情境主义者"，这是他踏着法国 1968 年革命（以下简称"68 革命"）的鼓点出场，撰写《物体系》和《消费社会》时段的写照。引入居伊·德波（Guy Debord）的景观社会理论和情境主义思潮，批判和超越马克思的生产社会，是他的理论目标。

"四十岁时为空想家"，这是他撰写《象征交换与死亡》时段的写照。立足马塞尔·莫斯（Marcel Mauss）和乔治·巴塔耶（Georges Bataille）的原始乌托邦理论，试图以象征交换超越马克思的价值交换，以彻底实现反理性、反生产逻辑、反政治经济学，是他的理论目标。

"六十岁时为病毒家和转喻家"，这是他对自己晚期理论的一个经典概括。在晚期随性的、非典型的却有鲜明创造性的哲学写作中，他形成了理论最终的落脚点——媒介批判，建构了一个由不断自我增殖的符号组成的、包覆一切的"超真实"世界，用以描述资本社会的新总体性。在超真实的资本秩序里，模型先于真实产生，主体消失于客体当中，外在革命已不可能，唯一能打破这个资本水晶球的，只有病毒和恐怖分子引发的"内爆"（implosion）。

媒介批判形成了鲍德里亚理论多条线索的汇集点，实际上也是一个世纪以来法国哲学多种思潮的一个交汇点。马克思主义政治经济学批判在这里受到了符号学改造；法兰克福学派对文化工业的批判和大众媒介的反思在这里继续深化；结构主义语言学助推鲍德里亚形成了"拟像"（simulacra）与"拟真"（simulation）的判断——媒介由结构性符号组成，符号间的彼此关系形成了完整的自足性，近代认识论哲学意义上的"真实"已经消失；西方马克思主义寻求的主体性与革命主体问题在这里获得了一种颠覆性的解答——主体消失、客体胜利。对鲍德里亚晚期媒介理论进行研究，可以衔接西方马克思主义及其学术延长线上的几个重点领域。

第一，对它的研究可以作为判断西方马克思主义终结与否的参照。

从马克思主义哲学的角度看，鲍德里亚是西方马克思主义研究的重要支线，是西方马克思主义与所谓"后马克思主义"的一个关键衔接。笔者认为，终其一生，鲍德里亚与马克思主义都有深入的理论纠缠：早期的《消费社会》试图将马克思以生产为轴心的社会建构转变为以消费为轴心的社会理论；中期的《符号政治经济学批判》试图以结构主义语言学改造马克思主义政治经济学，从而使马克思基于商品的资本社会批判延伸至基于符号-物的资本社会批判；其后的《象征交换与死亡》试图在价值交换之外寻找更具本真性的交换方式，构建资本主义社会之外的原始乌托邦；晚期的《拟像与拟真》《论诱惑》《致命的策略》《艺术的共谋》《为何一切尚未消失？》等将对资本社会的批判集中在包覆一切的媒介之上，通过"超-"（hyper-）系列概念群，如超真实（hyperreal）、超现实（hyperreality）等，将资本逻辑推演到极致，通过放大当前趋势来发出一种尖锐的哲学警告。

一般认为，鲍德里亚早期以马克思为主要理论对手和改造对象，中晚期则脱离了马克思主义语境，甚至其充满后现代写作风格的文本是否还是哲学著作，都值得怀疑。但基于其晚期媒介批判理论，笔者认为，鲍德里亚始终处于将马克思的批判推演到"下一步"的理论目标中，符号拜物教被其看作商品拜物教的下一步，拟真阶段被其看作马克思扩大再生产阶段的下一步，超真实、超政治被用以形容现代资本社会发展到极致、失去否定性和革命可能的状态。在一定意义上,这种从客体角度推演资本逻辑的思路来自《资本论》,后者正是在这种推演中抵达了资本主义的内在背反——资本主义经济危机。

问题在于,西方马克思主义自诞生起就逐渐从实践理论复归形而上学,至鲍德里亚更是完全失去了政治经济学基础。因此,这种极致化推演虽显现着马克思的理论基因,但最终变成了一种思想恐怖主义。鲍德里亚对内爆的强调,对病毒和恐怖分子的兴奋,乃至对媒介中真实消失的厉声警告,都是一种失去"武器的批判"下以思想恐怖应对符号恐怖的策略。这是西方马克思主义经过一个世纪脱离政治实践而向哲学自身复归后的最终命运。

第二,对它的研究有助于划定当代激进左派的问题域。

主体性危机是现代性危机的核心问题,而对西方马克思主义而言,哲学领域主体性的挽救还同时关联着政治实践中革命主体的确立。从 20 世纪 30 年代至今,西方马克思主义理论虽在理论探索方式上表达各异,但却拥有着近乎一致的问题意识,即要拯救蕴含于现代哲学中的主体性困境,同时完成政治哲学中革命话语的建构,两者相辅相成。对此,经典西方马克思主义者如卢卡奇(Georg Lukacs)认为,应该以总体性原则来扬弃经济决定论,提出作为阶级意识的主体性;而法兰克福学派则立足异化概念对马克思主义的理论逻辑进行了重新审视,高扬人本主义旗帜,构建一种文化乌托邦;当代法国马克思主义的代表阿尔都塞(Louis Althusser)则在建构马克思"无主体"的结构主义表达当中,提出了询唤主体。而鲍德里亚的策略是激化主体性危机,从而在一定程度上划定了当代激进左派的问题域。

这种策略被鲍德里亚称为"致命的策略",就是站在物的立场上,彻底取消主体。从"作为整体的物"到符号-物,物的立场在鲍德里亚的理论中一以贯之。在晚期的媒介批判中,鲍德里亚更是极致化地呈现出了符号胜利、主体消失的状态:认为人的本质已经不能剥离符号系统而存在,媒介有着压平主体客体、表象本质、意义空间的真正抽象性和绝对权力。鲍德里亚通过媒介理论对世界客观性的清楚阐释,对资本客观性的强大认知,对主体性的否定,反向将主体性问题紧迫提上日程,使当代激进左派不得不在这种危机之下寻求革命主体。

当代激进左派代表者阿兰·巴迪欧(Alain Badiou)提出了事件主体,认为事件跳脱出既有秩序,形成了既有秩序的裂口,当主体与事件的情境相一致的时候,主体性由此被激发出来(巴迪欧,2015b)。拉克劳(Ernesto Laclau)与墨菲(Chantal Mouffe)(2003)将运动中的领导权看作一个空位的预设,防止革命话语向统治性权力转变,由此排除主体的既定性设定。一系列主体的新样态被提出,与之相伴随,革命主体的存在也被反复强调。巴迪欧(2020)在较近一次与中国学者笔谈时还特别强调,历史主体没有发生根本的变化:历史主体是由被称作无产阶级的多数派和由革命知识分子组成的少数派之间的关系构成的。在今天的世界,我们有65％的无产者,20％的小资产阶级或中产阶级,15％的传统资产阶级,共产主义假设对当今世界大约75％的人口来说是积极的。在西方马克思主义和当代激进左派之间,鲍德里亚媒介批判对主体性危机的强化,形成了一个重要的接榫——虽然采用了一种倒置的连接方式。

当然,从现实角度讲,鲍德里亚晚期的媒介理论具有极强的现实批判性。今天,大型媒介平台伴随互联网而诞生,日渐形成了资本、技术、媒介三位一体的架构,将消费空间与公共空间融为一体,媒介化生存已经成为成熟资本社会的典型场景,尤其需要哲学反思和批判的在场。

回顾一下这个熟悉的媒介消费场景:2019 年"双 11"购物节的凌晨,仅仅 3 秒钟,著名的 B2C 商家天猫成交额已经突破 1 亿;96 秒后,成交额突破 100 亿;1 小时 3 分 59 秒后,成交额突破 1 000 亿。在电商时代的人造消费节"双 11"诞生的第 10 年,论者已经很难用三言两语来描绘它在 14 亿人的市场中隆隆崛起的壮观景象。如果非要形容,只能说,它吸引的人流远超"春运",而"双 11"凌晨读秒破亿的仪式感,已经超过了春晚的新年倒计时。

更值得注意的是,这已经不仅仅关乎消费。经过十年,那些最初为购物而建的线上大型消费平台已经媒介化。即便一个人不选择某一特定在线购物平台,也无法避免它们设置的舆论议题;即便一个人不进行线上购物,也不能回避以新闻资讯面貌出现的广告文案;即便一个人尽量对"双 11""双 12"三缄其口,也不能一步都不踏入朋友圈中的购物社交。最难的是,人们已经不能避免使用沉淀成日常用语的电商词汇——秒杀、爆款、凑单、拼团、领券以及"亲"。

再往后,直播间、宝宝们、刷礼物、"关注/点亮/分享"进入日常语言,直播带货模式快速反转电商的购物节模式。2019 年,新冠肺炎疫情前的"双 11"盛况,此刻已被一些论者视作前李佳琦时代的余晖。与之相伴的,是诞生时渲染话语权平权、意在提供视频社交空间的广义媒体平台的迅速商业化和消费化。近几年来,大量广告每年以几何级的增长速度投入短视频平台和社交媒体,日常生活类账号更偏向宣称"记录世界、记录你"的抖音、快手,美容美妆集中在标榜"标记我的生活"的小红书。带货直播更是掀起一幅通天之幕,露出宏大的、新的消费与社会生活场景。一个主播的单场直播销售额常常破亿,2020年头部主播的个人年销售额甚至可以排入中国房地产企业年销售额的前100强。一个带有媒体与资本杂交意味的新词诞生了——"内容电商"。

更值得观察的是,媒介已经有了穿透政权和传统组织的能力。在全球拥有30亿用户的脸书,一方面足以和一国政府角力,另一方面足以形成当代史中可能最完整的历史数据,建构一种由数据撰写的21世纪文明史。数据归属、交易、使用的权力,在某种意义上已是一种虚拟世界的核按钮。这是互联网上的万物生长,是泛媒介(麦克卢汉,2019)时代的狂飙突进。还没有观察者能确定性地给出今天"媒介"的定义和未来生态的预判,但鲍德里亚所描述的电子媒介和网络创造的符号世界,没有给交互性和反馈留下任何空间的封闭性媒介权力,吞噬一切革命性的媒介(资本)秩序,拟真化生存的特征,具有极强的预判性和理论透彻性,昭示了媒介生存下人找回自身主体性的紧迫感。本书将在第五章详述鲍德里亚批判理论的现实指向性和延伸空间。

第二节　历史年代与理论年代中的鲍德里亚

一、鲍德里亚所在的历史年代

鲍德里亚哲学在 68 革命前后登场，至 2007 年鲍德里亚离世，经历了 40 年的动态演变。纵向看来，鲍德里亚从支持现代性社会逐渐走向反叛和逃离；从发展和深化马克思主义转向批判和颠覆；从生产引入消费，从消费引入符号，由符号引入媒介批判，成为现代性和后现代性角力、转换的记录和写照。横向看来，他的思想吸纳了马克思主义政治经济学和社会批判理论、列斐伏尔（Henri Lefebvre）的日常生活批判、罗兰·巴特（Roland Barthes）的符号学、马塞尔·莫斯的象征交换、本雅明（Walter Benjamin）的文化景观批判，敞开了巨大的理论空间。

我们可以从多个维度观察鲍德里亚学术生涯跨越的这 40 年历史。在美国当代社会学家丹尼尔·贝尔（Daniel Bell）（2007）眼里，这是资本主义的后工业时代，已然与前工业社会及工业社会有着不同的"中轴"。在加拿大传播理论家马歇尔·麦克卢汉（Marshall McLuhan）看来，这是泛媒介时代，媒介即讯息。在这 40 年中，第三次工业革命和第四次工业革命以共时性的方式迭代，工业时代的阶层与劳资关系经历了深刻的调整，新的业态和阶层不断产生，马克思主义政治经济学经典理论的前瞻性受到考验，也被后继者重新辩护；在这 40 年中，现代社会的两大原则——主体性原则与理性原则——被重新审视，现代性批判兴起，后现代主义思潮由北美洲的文艺思潮发展成为欧美的社会文化思潮，并最终席卷全球，无声音乐、活页小说、波普艺术一一诞生；在这 40 年中，互联网与人工智能降临，虚拟生存浸入现实生活，虚拟社群取代传统社群，人类的知识体系爆炸式地膨胀并形成了极其纷繁的细分领域，在工业社会只需几位学者编纂的《大英百科全书》，现在至少需要上万名专家，并且不再出版纸质版。

一旦勾勒出历史的发展线条，我们就会发现，鲍德里亚的理论转向与社会历史的变迁若合符节：

1968 年春，法国巴黎爆发了一场革命。由一场抗议越战的小型活动开始，巴黎警方与南泰尔大学左翼青年发生了冲突。随后，警察升级行动等级，逮捕了数百名学生，极大地激发了矛盾。越来越多的青年学生走上街头，全法学生联合会发出全体罢课号召，巴黎爆发了大规模的示威游行，近 1 000 万法国工人举行罢工。著名的存在主义马克思主义哲学家萨特（Jean-Paul Sartre）签署声明，号召劳动者和知识分子支持学生斗争。

革命持续到了 6 月，最终由时任总统戴高乐平息。但这场并未成功的革命，却在法国思想界投下了巨大的影子，彰显了法国社会极为发达的左翼思想。阿尔都塞、福柯（Michel Foucault）、萨特等在 60 年代声名显赫的法国学者，清一色是左翼，全部与马克思主义有深度的理论联系，与 68 革命有不同程度的关联。在一张革命的大字报中，后人能够读出革命的思想诉求："当下这个革命不但质疑资本主义社会还要质疑工业社会。消费社会注定得暴毙。将来再也没有任何社会异化。我们正在发明一个原创性盎然的全

新世界。想象力正在夺权。"（夸特罗其，耐仁，2001：132）

　　39 岁的鲍德里亚当时正在南泰尔大学执教，处于学生运动的风暴眼中。踩着 68 革命的鼓点，他出版了第一本著作《物体系》，以结构主义的方法凝视马克思主义，呈现了崭新的消费理论，提出了人类与他们的现代消费环境之间的关系。两年后，他以更具理论化的方式深化了这一理论，出版了著名的《消费社会》。《消费社会》以消费为中心对资本社会进行了详尽而深刻的剖析，向人们揭示了资本集团如何引起了人们不可遏制的消费欲望，并在此基础上对各个阶层重新进行划分。他敏锐地看到：今天在消费社会中生产出来的物品，不再以传统生产中的耐用、长久为目标，系列生产就是为了使东西早日"死亡"；它们的生存是一种被预设的短暂的共时状态，为的是人们能够尽快再次消费。由此，他使 68 革命中的口号变成了一种系统的理论，使在社会意义上失败的 68 革命得以在理论中延伸，并成为一种新马克思主义的代表。

　　以《消费社会》为代表的鲍德里亚早期研究都是在马克思主义的框架内进行的。其对消费社会以及符号逻辑的分析为马克思主义体系增添了一个文化和符号学的维度，完成了对马克思主义政治经济学批判的延伸和重构。但鲍德里亚 1972—1973 年出版的《符号政治经济学批判》和《生产之镜》，则被研究者视作鲍德里亚的一个学术转向。从这里开始，他明显意图"走出马克思"，并表达了这样一种态度：当代西方思想体系过度依赖马克思主义中的生产概念，而这个概念需要更复杂的消费概念进行修正；潜在认可主体性哲学，而缺乏一种结构主义符号学视野。在 1976 年出版的《象征交换与死亡》中，鲍德里亚在一种原始社会的象征交换上附着了大量的理论期待,并试图以象征交换替代马克思的使用价值和交换价值这个核心理论,表达了明显的解构唯物史观的学术意图。

《象征交换与死亡》可以说是鲍德里亚最后一本有学术规格的著作。其后的写作,无论是体例,还是形态、语言,都转入了一种后现代语境,其创作本身似乎都变成了一种具有后现代结构的文化事件。1986年出版的《美国》,是一本旅行日志,旅行叙事以一种碎片化的方式解构了哲学写作自身;1987年出版的《冷记忆》涵盖了1980—1984年间的大量社会主题,多以尼采式警句的方式出现;尤其是90年代的作品《海湾战争没有发生过》,引发了世界性关注,并被认为是一种批评的恐怖主义。

作为对社会现实保有一种记者型敏锐的哲学家,鲍德里亚的学术和写作转向都密切跟随着社会现实。如前所述:20世纪下半叶,资本主义世界进入了后工业时代,技术成为社会的轴心;包括68革命在内的激进政治失败,结构性松散、具有流动性与去中心化的新社会运动在西方社会内兴起;恐怖主义制造了"9·11"事件,开始在全球幽灵般徘徊;计算机与互联网创造了线上的全球化,创造了由符码组成的虚拟世界,也使人类陷入了一种整体更脆弱的境地(考虑病毒和黑客)。在此背景下,鲍德里亚从媒介入手重新探讨社会整体被建构的方式,形成了后期作品的两大中心思想:拟真与超真实。

拟像与拟真是鲍德里亚用以描述当代资本主义最新存在形态的范畴,它有三个层次,分别对应着资本主义三个发展时期:第一个层次是对现实的模仿,对应着从文艺复兴到工业革命时期;第二个层次是复制品消弭了现实与表征的区别,没有原型的生产与系列再生产出现,对应着资本主义工业时代;第三个层次是指不基于任何一点真实的自我生产,对应着今天受代码支配的时代。关于第三个层次,最有代表性的例子就是由电脑语言和代码所产生的虚拟现实世界,即广义的媒介。在这种情况下,模型先于建构的世界,模型构造了真实,形成了"超真实"(鲍德里亚,2012:67—77)。那本著名的《海湾战争没有发生过》就是在说:海湾战争的模式已经在代码的世界预演,战争本身成为模型的试验;而此间的政治宣传(新闻)不是在报道真实,而是在为观众生产战争"现实",建构即将要发生的事。

"你有这种感觉没有,就是你吃不准自己是醒着还是做梦?"这句对白,来自好莱坞著名电影《黑客帝国》,该片是对鲍德里亚思想的致敬之作。影片中,人们发现,看似正常的现实世界背后,隐藏的是一个名为"矩阵"的人工智能控制系统,从此开启了寻找"何为真"的抗争之旅。人类被困于代码的世界,被困于超真实当中,这正是对鲍德里亚思想的影像展演。这个三部曲的知名电影 IP 的出现,从一个角度展示了鲍德里亚哲学在当代社会的回声。

二、鲍德里亚所在的理论年代

生发于复杂社会生活,鲍德里亚的思想也处于复杂的理论谱系当中。从马克思主义哲学的角度看,鲍德里亚的思想是西方马克思主义研究中的重要支线,是法兰克福学派命运的最终落脚点,是当代激进左翼问题的起点,是判断西方马克思主义研究是否终结的参照。面向历史,鲍德里亚对于主体在拟像与拟真世界中消失的哲学预判,既延续了马克思对人的异化的批判,又继承了法兰克福学派对于文化工业和大众媒介的反思;面向未来,鲍德里亚通过媒介理论对世界客观性的清楚阐释,对资本的客观性的强大认知,对主体性的否定,为当代激进左翼划定了问题域。梳理鲍德里亚的理论走向,可以衔接西方哲学和社会思潮的几个重点领域。

第一是法兰克福学派及其学术延伸线。

作为西方马克思主义的重要流派,20世纪三四十年代兴起的以德国法兰克福大学为活动中心的法兰克福学派将二战后的资本主义社会批判引向了一个新领域。这种"新"体现在,法兰克福学派学者们不再从经典马克思主义的政治经济学入手进行社会批判,不再以阶级革命为社会解放手段,而是集中对大众文化和意识形态进行批判,从人本主义角度阐释人的新异化,试图以此揭示现代性危机的根源。

法兰克福学派的主要代表人物霍克海默(Max Horkheimer)和阿多诺(Theodor Adorno)在《启蒙辩证法》一书中揭露和分析了战后资本主义社会的异化。他们提出了著名的"文化工业"的概念,用以概括进入丰裕状态后的资本主义社会的文化特征。其鲜明特征是强调了资本主义文化与资本主义工业的内在一致性:都是集约化、技术化的,可以大规模生产和复制。用"文化工业"代替"大众文化",是为了强调这种文化与公众毫无关系,与文化艺术创作毫无关系。"文化工业"一词生动地揭示了资本主义社会文化生产的本质,是一个非常具有批判性的范畴(霍克海默,阿多诺,2006:107)。

法兰克福学派的另一位代表学者马尔库塞(Herbert

Marcuse)也对现代资本主义社会的技术化态势,尤其是报纸、广播和电视等大众传媒造成的人的异化进行了极富创见的批判。在其著作《单向度的人》的序言中,他指出,当代资本主义社会是一个"批判的停顿:没有反对派的社会"(马尔库塞,2008:4)。技术的进步使发达的工业社会控制了人们,通过电视、广播、电影等大众传媒侵入人们的休闲时间,进而占据人们的私人空间,使人们满足于眼前的娱乐,放弃追求批判;标准化、批量化、模式化把统一的行为方式和审美方式强加于人,使商业文化中的人变成了单一维度的人。这个没有反对派的社会也是一个一维的社会、一个新极权主义社会。这种社会批判思路,在鲍德里亚的老师列斐伏尔和德波那里获得更深一层的延伸。

列斐伏尔是西方马克思主义的重要代表人物、马克思主义社会批判理论的主要理论家,也是鲍德里亚的老师。他的日常生活批判三部曲不仅是广义社会批判理论的重要发展,而且为20世纪日常生活批判哲学的哲学转向奠定了基础。列斐伏尔认为异化是无所不在的,体现在生产力、意识形态、人与自然的关系以及人与人的关系上,他将马克思仅应用于政治经济学的异化理论延伸到人的日常生活中,将日常生活的重复性与规定性作为导致异化的重要原因,由此将异化理论与现代资本社会的批判紧密结合起来。在列斐伏尔这里,"日常生活"不能兼容于经济基础和上层建筑的二元结构,而是一个新的平台,取代了马克思的生产车间成为社会的核心地带,成为资本主义社会组织化的一个重要部分、一个压迫的核心地区,是新型革命的策源地(吴宁,2005)。

同时代的左翼思想家、鲍德里亚的另一位老师居伊·德波

(2006:174)发起了景观社会批判,认为现代资本社会已经由生产阶段进入了景观阶段,进入了以影像生产和消费为中轴的景观社会,"景观是人们自始至终相互联系的主导模式"。马克思时代以商品为中心的人与人之间的关系,转变为以影像为中介的人与人之间的关系。商品的生产以景观的积累为前提,商品拜物教发展为影像的拜物教,生活的每个细节都被异化为一种景观模式。与之相对应,资本社会对主体的控制也不再来自外在的强制力,而是来自一种认同基础上的文化霸权,视觉表象成为社会本体,"景观—观众"模式成为资本主义秩序。正是基于这种洞见,德波认为有必要将马克思基于商品的批判理论发展为基于景观的批判,以寻求一条通向未来社会的新的历史道路。将马克思的拜物教理论中的商品替换为虚化的影像,剔除政治经济学基础对现代资本社会进行思辨和批判,这些特征在鲍德里亚拟像、拟真和超真实的概念中都可以看到影子。

从法兰克福学派到列斐伏尔、居伊·德波,他们勾勒出了西方马克思主义向晚近延伸的学术藤蔓,而鲍德里亚的消费社会批判和媒介批判,正是这条藤蔓上的新果实。

第二是罗兰·巴特及其背后的符号学。

20世纪初,哲学家索绪尔(Ferdinand de Saussure)创立了符号学,使现代语言学成为一门具有重大影响的独立学科。20世纪50年代,法国哲学家罗兰·巴特直接继承并发展了索绪尔的语言符号理论,创建了法国文学符号学:一方面,从语言学的角度,结合语言符号系统来解析符号;另一方面,突破语言学的框架,用符号连接起日常生活中的社会现象,由此形成了20世纪中叶影响深远的重要思想趋势。

基于索绪尔语言学的"能指与所指"二元结构,巴特(2008)提出了"能指、所指、符号"的三维模型。在他看来,能指是一种具有质料性的媒介,包括音响、图像等,即可以被感知的部分;所指是只能通过能指被言说的东西,是概念。意指关系将能指与所指合成一体,而这结合的结果就是符号。符号一旦形成,社会就会重新赋予它功能。"能指、所指、符号"的三维模型是巴特符号学的基本结构。

这个思考角度使符号学与日常生活、社会批判发生了更深关联,不再局限于语言学领域。也因此,巴特的符号学旗帜鲜明地被应用在了对大众文化的批判上。20世纪50年代,随着第三次科技革命的发展,法国迎来了资本主义经济发展的黄金时代,媒介的繁荣和大众娱乐的发达随之而来。一方面是大众文化的蓬勃发展带来了新的社会反思,另一方面是法国发动的一系列帝国主义扩张性战争,如越南战争、阿尔及利亚战争等,深刻呈现了资本逻辑的扩张性与贪婪性,提供了批判理论新的激发点。这两点现实互相交织,为符号学角度的批判提供了现实土壤。

巴特在这样的背景下提出了神话理论。《神话学》出版于1957年,是其获得最广泛阅读和最有影响力的作品。该书分为两大部分:第一部分是数十篇短小精悍的评论,对大众文化现象进行符号学角度的再阐释,涉及摄影、电影、广告、玩具、出版、食品等诸多驳杂领域;第二部分是一篇长文,系统地讨论了法国大众神话的建构与解构。在他看来,资本主义大众文化与神话的运作规律是相似的:前现代由神话和史诗来完成的大众教化工作——形成共同价值观，确立共同语言，建立由形象和文字组成的信仰系统，现在由广告、电影、电视等大众文化产品来完成，因此大众文化就是资本社会意识形态"神话化"的过程。将结构主义符号学与意识形态批判相结合，通过对资本主义文化神话的解读和符号学的分析，巴特揭示了资本对大众的意识形态控制。因为精准指向了现代丰裕社会和繁盛的大众文化，所以神话理论的分析范式随后被广泛应用到文化批判领域（巴特，2019）。

在出版于 1967 年的《流行体系》中，巴特将时装作为符号系统，以结构主义符号学的方式对其进行了分析。在这本著作中，巴特（2016：20—33）把时尚分为三种——"意象时装""书写时装"和"真实时装"：第一种指的是通过摄影或插图展现并保持其形体特征的时装；第二种指的是通过语言音译并转化为语言的时装；第三种指的是为实用目的而出售和穿戴的衣服。巴特指出，书写时装就是通过意指关系来建构时装，意指概念决定并产生时装的意义，将服装与特定的社会情境和形象联系起来，并将服装固定在潮流所界定的特定功能上，形成一种传统的、理念性的固定结构。这是时尚潮流进行的一种文化编码，让时装的符号性功能和象征性进入人们的心理结构，建构一种意识形态。三种服装的差异其实是作为象征的符号与作为实用的物之间的差异，而书写时装对意识形态的建构，宣布了符号的最终胜利，使一切按照符号秩序的方式进行组织。

很明显，巴特的这些分析深刻地影响了鲍德里亚。在文本写作形式上，鲍德里亚少有融贯性的、体系式的哲学分析，更喜欢批判观察滚动的文化碎片，这种对文化现象的评析方式伴随鲍德里亚写作终身;《消费社会》中密集罗列出的"杂货店""转盘和计算机""摆设和游戏""广告媒介"都是这种文本形式的显现。在批判逻辑上,巴特理论所指出的符号-物的结构体系,为鲍德里亚从马克思主义政治经济学转向符号政治经济学提供了重要的逻辑台阶,甚至对其终身秉持物的立场、客体的立场提供了最初的理论支持。巴特后期在文学批判中所持的"作者已死"的观念,也在一定程度上影响了鲍德里亚对主体性哲学的批判、对主体命运的判断。本书将在第三章对这一点展开叙述。

第三是麦克卢汉与媒介理论。

加拿大媒介理论家马歇尔·麦克卢汉在 20 世纪 60 年代以《谷登堡星汉璀璨:印刷文明的诞生》《理解媒介:论人的延伸》蜚声西方世界,其学术高光时刻,正处于电视媒体在 50 年代的普及之后,媒体电子化革命的结果大规模呈现出来之时。

在此之前,法兰克福学派曾经以经典的现代性批判的方式处理过媒介文化问题,英国的伯明翰学派也曾部分继承了本雅明的文化思路,提出了全球媒体等批判模型。但麦克卢汉更加敏锐地感知到了电子媒介(electronic media)之时代媒介的本体意义,超越大众媒体、大众文化的言说层面,对媒介进行了彻底的重新定义,从而得以在人类行为与人类思维的宽阔领域内探讨媒介。他的巨大的创造性观点主要包括:

媒介即人的延伸(麦克卢汉,2019:17)。这是麦克卢汉最重要的主题:从印刷术到电视,一切技术都是人的器官与意识的延伸,本质上说就是人的力量与速度的延伸。这种延伸所产生的社会反应,又引发新的延伸。媒介与人类共同进化,新的需要和新的技术回应不断累积，最终导致的不是传统的外在革命与外在颠覆，而是一场内爆。在这里，麦克卢汉探讨了泛媒介时代的主体性问题，即人与媒介的关系是相互构造的——人类创造媒介，媒介构造人类。尽管泛媒介时代带来了一种对人的异化，但它同时也使人类意识到这种异化，从而对媒介环境产生了批判性自觉。

媒介即讯息（麦克卢汉，2019:16）。人类生活在语言之中，不能超越语言和符号来理解一个未经中介或未被再现的世界，无论这个中介是印刷时代的书籍、报纸、海报，还是电力媒介时代的电报、电话、广播、电视。麦克卢汉认为，媒介技术更多的是通过它们的形式而非它们所传递的内容来塑造社会，媒介即讯息即意味着过程与内容、介质与信息一样重要，沟通和传播所依赖的媒体技术构建了当代人所生活的环境，使后者无意识地沉浸在一个充满技术文化介质的环境中。

这个观点的逻辑能够自然延伸出另一个观点——人类生活的整体性、一体化。也由此，麦克卢汉（2019:6）率先提出了"地球村"概念，"我们这个地球只不过是一个小小的村落。一切社会功能和政治功能都结合起来，以电的速度产生内爆"。麦克卢汉所在的时代还没有产生网络媒体，他只是在《理解媒介：论人的延伸》的最后一章中些微触及了计算机的问题。但他所设想的构建地球村的全球电视，已经带有了今天互联网的特质，使其批判的逻辑延伸到了互联网媒介时代的今天。

相比麦克卢汉，最终进入互联网媒介时代和后现代语境，越过了千禧年也见证了千年虫（电脑病毒）的鲍德里亚，虽然延续了麦克卢汉对媒介批判的言说层次，沿用了内爆等关键概念的名称，但对于媒介环境中的主体出路问题已有了相当不同的见解。麦克卢汉对于理性主体的自觉持一定的乐观态度，强调人的思考比电子媒介还快；但鲍德里亚对此明显持悲观态度，认为主体最终会在超真实的内爆中毁灭。这也是鲍德里亚对其所在时代数字技术的突破发展将整个世界完全图像化的理论反应。

第四是"莫斯—巴塔耶"的耗费、奢侈、过剩概念与原始乌托邦。

人类学家马塞尔·莫斯和经济学家乔治·巴塔耶在 20 世纪上半叶的法国思想谱系中形成了独特的光谱：虽然两人的研究领域不同，但却先后提出了耗费、奢侈和过剩的理论关键词，形成了反理性、反生产逻辑、反政治经济学的学术进路，最终将遥远和偏僻的原始社会作为了精神归宿。

在西方人类学家普遍从欧洲文明出发看待其他民族问题的传统之下，莫斯却另辟蹊径，在对太平洋岛屿美拉尼西亚上的部落、西北美洲的印第安社会等的田野调查中提出了一种反现代性的关系——象征交换。在其代表作《礼物》一书中，莫斯具体描述了原始部落的"总体呈献体系"和"夸富宴"。在夸富宴上，原始部落的人们兴致勃勃地进行着送礼与还礼，部落首领会将积蓄许久的财富通过在宴会上分发的形式，在一夕之间消耗殆尽。

这些社会中的礼物呈献和夸富宴有两个要素：具有地位角色认定性质和绝对的回礼的义务。前者意味着慷慨的礼物能为馈赠者带来荣誉和地位；后者则意味着呈献、接受和回献是强制性的，拒绝礼物或者不加倍回献，就等于放弃了在部落中的地位，自认卑下，而馈赠产生的损失将会以回礼的方式得到补偿。概括来说，象征交换不是寻求价值对等性的交换，也不遵循功利性逻辑，而是在大量随意的耗费和损坏中建立一种角色认同和社会秩序。消耗而不是占有，毁坏剩余而不是积累剩余，不断回环往复而不是线性前进，构成了象征交换的基本逻辑，这与现代资本主义社会的工具理性是完全异质的。

巴塔耶非常认同莫斯的象征交换原则。他以经济学眼光再次解读了莫斯的原始社会，认为在象征交换中，财富不是用以增值的，而是用以耗费的，是挥霍而不是占有构成了这个社会功能性的经济行为。它不是立足于一种抽象化的计算，而是基于人与人之间的直接交互，重要的是体验感和荣誉感，并不存在占有、获利和价值交换逻辑。这与政治经济学视野下原始社会"物物交换"的经济形态大相径庭。

与莫斯一样，巴塔耶试图寻找一种现代性之外的历史观，这个历史观最终呈现在他的"一般经济学"中。一般经济学不以生产为起点，而是以耗费为中心，后者被巴塔耶看作人类社会发展的真正动力所在。就像太阳放射无穷无尽的能量一样，从植物与动物的生长到人自身的繁衍与发展，从原始社会到资本主义社会的形成，从战争到革命，都是以耗费为动力的。生产是包孕在献祭、馈赠等一系列"经济"行为中的一个，与之对应，以生产为核心概念的政治经济学只能看作资本主义有限经济的研究，只是一般经济学中的特例。在进入现代资本社会之后，耗费以及在耗费过程中人的放纵、慷慨等丰富的内心体验，才在理性计算和积累性活动中逐步消解。

一个来自人类学视角，一个来自经济学视角，"莫斯—巴塔耶"

的象征交换深刻地影响了鲍德里亚。丰盛、奢侈的原始社会样本与消费社会的状态形成了一种呼应，为鲍德里亚逃离马克思主义政治经济学、建立"一般政治经济学"提供了一种原始乌托邦。而象征交换的交互性、模棱两可性则成为鲍德里亚现代性批判的一个支点，成为其解构主客关系的一个支点，直到其理论晚期，仍然能幻化为"诱惑"这样的批判范畴。可以说，即便《象征交换与死亡》被研究者看成一个失败的理论探索，但象征交换却最终成为鲍德里亚终身持守的思维方式。

除这几种有明确边界和代表者的理论之外，与鲍德里亚理论深度相关的，还有一个边界较为模糊但容量却更为庞大的理论领域不得不提，这就是后马克思主义。

20 世纪五六十年代，结构主义曾经在欧洲和美国盛行。68 革命和布拉格之春之后，结构主义逐渐衰落，后现代性话语逐渐兴盛。解构主义、后殖民主义、后现代马克思主义、后现代女权主义理论话语逐渐抬头，马克思主义与后现代主义之间的关系，逐渐引起西方学术界的广泛关注，酿成当代西方思想界的一股思潮。后马克思主义的概念最早由英国哲学家迈克尔·波兰尼（Michael Polanyi）（2005）提出，丹尼尔·贝尔在后工业社会理论中也进行了阐发，当代激进左派拉克劳与墨菲扩大了这个概念的影响和知名度。后马克思主义与马克思主义之间是断裂、反叛还是部分继承，关于此的争论还有待进一步厘清，但可以肯定的是，当代马克思的学术后裔正在试图吸纳后现代的思想资源，以建立一种后现代语境中的马克思主义展开方式，并由此切入建立现代与后现代的理论关联。因此，如何认识和理解二者之间的复杂关系，已成为直接关系到如何理解当代思想史的理论问题。

从理论生成的角度讲,后马克思主义就是将马克思主义置于后现代语境中的一种审视,或者说,是在后现代语境中对马克思主义的一种再理解。虽然后现代始终是一个边界与内涵模糊的命名——否则也不用使用现代性之后(post-)这种命名方式,其独立的理论价值始终受到质疑,但它仍然指向了一种晚近以来、资本社会成熟以来的新文化氛围和新批判方式。尝试把结构主义、解构主义等思潮的最新发展嫁接到马克思主义中,从而使后者脱离主体性哲学的语境以形成新的可能性,似可作为后马克思主义的一个宽泛的定义。

法国 68 革命是马克思主义与后现代理论发生联系的一个关键时间点。68 革命的失败在某种意义上消解了经典马克思主义在革命运动上的权威,使得从卢卡奇以来拯救革命和主体性哲学的努力面临严峻危机;但从另一个角度讲,也为马克思主义带来了新的可能性,推动了西方马克思主义的后继者和当代批判理论家将结构主义、后结构主义、解构主义与马克思主义结合起来,形成新的、形形色色的批判路径。马克思主义哲学不再是从前的注释对象和革命圣经,而成了一切激进思想的背景。包括鲍德里亚在内的当代马克思主义的学术后裔,不再是马克思主义的简单继承者、传播者,而成了它的改革者,以在新的资本场景下释放马克思主义的内在张力为目标。这一思想转变带来一群很少谈及马克思文本的"马克思主义者",存在主义者福柯,当代激进左派德勒兹(Gilles Deleuze)、齐泽克(Slavoj Zizek)、巴迪欧,以及不承认自己是"后现代主义牧师"的鲍德里亚都是这样的代表人物。

这些思想家的共同点,是从马克思那里直接或间接传习的激进维度和左派立场,主要体现在对革命合法性、革命可能性和革命主体的持续追问上。与苏东学派和西方马克思主义不同的地方在于,他们已经放弃了政治经济学批判,将解决主客体关系及与之紧密相关的革命主体问题再次斥诸哲学自身。当资本具有了纵贯东西的强大逻辑和内在弹性,当传统意义上的、国际共运式的革命已经不再可能出现,看来我们需要支持更广泛的标准来检查一种哲学在什么意义上仍然是马克思主义的,即理论是否仍然坚持以批判精神对待社会演进,是否秉持颠覆而不是改良的态度对待人类解放。

第三节　当下媒介现实与鲍德里亚现象

鲍德里亚的名号从 20 世纪 90 年代开始出现在中国学术研究中,因为与他的写作周期同期,最早引入的反而是他的晚期媒介批判理论,引入者为文化与新闻传播学者;随后,他更具哲学文本特质的早期著作引发哲学界的关注,研究论文和著作的引进在他去世前后形成了一个小高峰,随后,就再未形成学术高潮。但有意味的是,在他去世至今的十多年中,也即在线上消费和互联网媒体席卷中国的近十几年中,他的观点和理论的核心范畴开始进入公共传播领域,成为与社会现象、热点新闻评论结合度最高的哲学学者之一。

公共媒体平台上的搜索数据或可作为参照。选取百度资讯、新浪微博和搜狗微信搜（针对微信公众号内容）三个平台，选取2019年12月27日当天的流量，选取大概同时代的同为西方马克思主义哲学家的巴迪欧、同为媒介理论学者的麦克卢汉、同为文化批判哲学家的德波做参考值，可以看到鲍德里亚的热度：

百度资讯搜索鲍德里亚、波德里亚和布希亚，条数共7 880条；麦克卢汉7 520条；居伊·德波1 520条（"德波"二字可能有多种所指，包括中国人名字，故用全名搜索）；巴迪欧和巴丢共2 662条。

新浪微博搜索鲍德里亚、波德里亚和布希亚，条数共36 656条；麦克卢汉21 014条；居伊·德波840条；巴迪欧和巴丢734条。

搜狗微信搜搜索鲍德里亚、波德里亚和布希亚，条数共1 404条；麦克卢汉362条；居伊·德波514条；巴迪欧和巴丢约1 000条。

这样的数据很难说具有非常权威的统计学意义，但作为参照，至少呈现出了一些趋势：其一，鲍德里亚在各平台传播中是综合比较第一名，同时代与他在学术意义上难分伯仲的学者，在媒体中的热度相差非常大；其二，从PC端（电脑界面）到移动端，媒介越新，鲍德里亚的比较流量就越大。这和人们近年来的观感相符：论者争相引用鲍德里亚的概念和观点，已经成为一个消费和互联网社会中的文化现象。

一、人人争说消费社会

鲍德里亚早期的消费社会理论已经定格在多学科的研究领域中，成为无法绕过的学术坐标。近十几年以来，它也成为中国公共讨论中普及性最大的哲学概念之一，对电商、直播和电子支付年代的种种现象,论者已经习惯倚赖消费社会的解释力。

在鲍德里亚看来,消费构成了当代资本主义运行的中心环节和内在逻辑。粗略地说,他的消费社会理论的几个核心观点成了当下公共批判的重要资源。第一,在当代,一切皆可消费,一切皆在被消费。物品当然可以被消费,人的身体、心理、观念也可以被消费,信息、文化、历史也可以被消费,它们都在被剪辑、编码、戏剧化和符号化。当代资本主义社会已经由马克思意义上的生产导向转向消费导向,价值是消费对象才具有的东西,换句话说,一切都只能存在于消费场景中。

这个万事皆为消费品、所有行为都指向消费行为的状态,近20年来,正在为中国公众所体验。从20世纪90年代末开始,线上消费在中国兴起,人们可以随时随地无精力成本地进入消费场景;21世纪第一个十年末,线上购物节出现,它不但成了电商平台共同的"节日",甚至戏剧性地将几乎所有线下竞争对手都拉进"双11"活动中;20世纪的第二个十年,随着社交媒体的发育,借助微信朋友圈的微商和短视频平台的内容电商兴起,消费全方位地包裹和渗入生活,从"砍价师""测试忠诚度试卷"到"梦境",都成为在售消费品:所以,每到线上购物节开幕,鲍德里亚名字的出现频率都会激增,成了反抗消费逻辑的评论者最称手的,也几乎是唯一可选的武器。

鲍德里亚的第二个重要观点是,消费社会的运行方式消解了社会中批判性和革命性的因素。消费社会伴随着丰裕,掩盖了社会匮乏时的不平等,最终使福利改革取代了经济政治改革。

福利与需求的互补神话,对不平等客观的、社会的和历史的决定性,具有一种强有力的吸收与消除意识的功能。福利国家(welfare state)和消费社会里的所有政治游戏,就在于通过增加财富的总量,从量上达到自动平等和最终平衡的水平,即所有人的福利的一般水平,以此来消除人们之间的矛盾。(鲍德里亚,2014:29)

消费社会的合法性与政治运行规则的合法性构成了一种共谋关系。

这是鲍德里亚针对典型资本社会的分析。中国的情况与资本社会有基础性的差异,但消费对主体反思精神和批判意识的消弭、丰裕对阶层差距的掩盖,明显同样存在于中国社会。2010 年前后是中国社会的基尼系数(判断贫富差距的指数)不断加大并临近警戒线的时间段[①],但恰恰是这段时间,影视作品中现实主义精神明显衰退,线上购物节开始引发消费狂欢,宫斗剧、仙侠剧、古偶剧、玄幻剧开始大量涌现。对历史概念进行商业主义挪用,对社会不平等现象的塑料化处理,引起了很多文化艺术批评者的警惕,而他们用以形容这种挪用的学术概念,正是鲍德里亚的"消费"。

鲍德里亚的第三个重要观点是,消费对象的实用性功能已经让位于符号性意义,符号消费已成为价值目标,重新塑造文化心理、定义人与人之间的关系。在消费社会中,一个人的成长,是靠消费水平的爬升展现的;一个人的成功,是靠消费能力倒推出来

---

① 据国家统计局数据,2008 年全国居民收入的基尼系数是 0.491,达到历史最高点。2009 年回落为 0.490,2010 年为 0.481。国际上公认的基尼系数警戒线为 0.4,红线为 0.5。

的;时间的意义,是靠储备消费能力定义的;自我的实现,要看完成了多少符号性消费。所以,你的生活要么在大量生产(努力工作储备消费能力),要么在大量消费(刘文嘉,2015)。符号消费具有一种整体性,不断塑造着社会阶层与群体。试着体会下面这两则笔者随手找到的广告:"捷豹路虎4S店携手招商银行,邀请客户进行高尔夫体验活动。""新中式院落别墅定制高端文化盛宴:马术尊享。"高尔夫和马术作为文化符号,路虎、捷豹、新中式院落作为炫耀性消费符号,共同构建了一个阶层消费的整体结构,表达着他们的自我认同和与其他阶层的区隔。

也许可以从这个角度进行理解:消费社会理论体现了马克思主义与符号学在鲍德里亚思维中的冲撞,虽然仍部分遵循着马克思主义政治经济学逻辑,但已经带有明显的符号学特征。这个理论特质,契合中国知识群体的知识结构和公众的社会心理:既受过马克思主义政治经济学批判思路的训练,又在面临着剧烈的社会转型,极有兴趣尝试接触后现代视野。由此,体现了现代与后现代视角角力与转换的消费社会理论,在现实问题的"呼唤"之下,适时进入了公共舆论场。

二、"拟真"潜在入场

2019年12月,一个昵称为"李子柒"的女孩迅速在互联网上走红。相关微信公众号文章在不到一个月的时间内达到了64 000余条,"李子柒"这三个字的组合迅速进入输入法。人们追索她的信息发现,她在B站(bilibili)的粉丝有200余万,抖音粉丝2 000余万,微博粉丝2 000多万,发在公众号上的文章篇篇"10万＋";

在美国 YouTube 上的粉丝有 1 000 多万，这个数量与 CNN（美国有线电视新闻网）不相上下。

谁是李子柒，她做了什么？

答案是，一个 1990 年出生的四川姑娘，一个能在稻田里插秧、竹林里挖笋、荷塘里采莲、大山里纵马的美食视频博主。她的视频，有技巧的拍摄、剪辑和调色，有节奏的休憩、劳作和对话，构建了一种田园隐士的生活场景，把无数观看者带入一个似乎返璞归真的世界。

很多批评者都注意到了这个"返璞归真的世界"的建构性，指出其背后必有精良的团队运作。但这丝毫未影响大众的热情，或者说，泛媒介时代的受众久经训练，已经能够接受视频中的"真实"。这个现象，就像现实为鲍德里亚媒介批判文本添加的新鲜案例。

如前所述，晚期鲍德里亚主要从媒介切入探讨社会被建构的方式，拟像与拟真是鲍德里亚用以描述后现代社会最新存在形态的范畴。媒介的拟像过程经历了如下步骤：它是对某种基本真实的反映；它窜改某种基本真实；它掩盖某种基本真实的缺场；它与任何真实都没有联系，它纯粹是自身的拟像。最后一个阶段，就是拟像进入了拟真的阶段，任何现实都被代码和超真实吸收。这一过程落实到历史图景中指向了三个阶段：原始社会象征秩序下的真实、资本主义生产秩序下的概念真实、拟真时代的超真实。

鲍德里亚所在的时代，互联网已经普及。数字媒介时代更是在他去世后全面降临，如山呼海啸般。随着数字媒介的滥觞，VR（virtual reality）等技术以极致现场体验为目标，新闻产品以场景化为标准，人类以往长期建构的实体性存在都被不断数字化，鲍德里亚的超真实从理论抽象走向现实具体。其内含的几个重要观点不断被现实凸显：

第一，媒介数字化模型的不断再生产，使真实缺场、超真实常在。数字媒介传播极其迅捷，能够达到时空同步的效果；数字媒介的模型建构极其完备，远比真实场景更贴合受众心理。今天被众多媒体争相使用的 VR 全景技术，抽取自然场景的因素进行组合和视觉优化，产生了比眼见更逼真的效果和沉浸感，从一个最直观的角度呈现了超真实的那个"超"字。"超"，代表了一种对真实的僭越，并不是一般常识所理解的掩盖真实，而是取代了后者的真理位置，把所有的"真实"当作从属材料进行吸收、编辑、加工、消费。

第二，可以为主体辨别的单个超真实模型，反衬出模型之外的世界的"真"，但其实遮蔽了整个社会的超真实状态，使得符号化的真实能够更隐秘地产生真实的幻象。鲍德里亚曾在《美国》一书中以迪士尼乐园举例，指出：人们以为迪士尼乐园是假的、模型化的，外在于迪士尼的真实世界是真的，但其实，只有迪士尼是真实的——因为它是被意识到的真实的模型，而所谓真实世界的真实，才是没有被主体觉知到的超真实。

也可以以此来观察李子柒的视频世界。它们首先择取和编辑了中国乡村的部分视觉元素，通过主人公的行为——修竹、采笋、酿酒、制衣等——形成了一种建构性的田园叙事，这种叙事既不属于哪个具体地方（李子柒拍摄的"家乡"在哪，曾一度被反复猜测），甚至也不属于哪个真实的时间/时代。而受众追捧它们，恰恰是因为它们的"超越性"，即模型所带有的理想性，和自己所在的真实世界、商业世界形成了反差。文化评论者大多提醒人们要意识到这是一种假（模型），而在鲍德里亚的意义上，更深层次的问题在于，正因为这种被意识到的假，使人们产生了自己所在世界为真的错觉，遮蔽了媒介建构一切的现实。

第三，数字模型操控现实，伴随着消费社会人的欲望大量释放的症候。鲍德里亚的媒介批判贯穿其整个学术生涯，从《消费社会》中的"大众传媒、性与休闲"，到《符号政治经济学批判》中的"媒介的挽歌"，再到《拟像与拟真》《致命的策略》等作品，其对媒介的批判与其消费社会理论和符号学共生。超真实是一种媒介真实，也是消费层面符号的视觉功能效果不断扩张的结果，精神失重与消费狂欢会同时出现在超真实的场景中。不妨来看看两个数据：一个是，据国外媒体公布的 YouTube 广告分红，当李子柒的粉丝在 500 万的时候，她一年的广告分红大概是 4 452 万元，而目前她的粉丝已经超过了 1 000 万；另一个是，2018 年 8 月李子柒天猫店上线，仅有 5 款产品的店铺，一周之内销售额就突破了千万元。

像以往互联网产生的文化现象一样，到 2020 年 1 月，李子柒真正在大众意义上走红不到一个月，十几篇微信公众号的原创长文都引用了消费社会理论对其走红进行了解读：一方面，这种解读再次展现了鲍德里亚在今天公共舆论场上的万用效应；另一方面也说明了，他的媒介批判理论还没有在知识群体中获得广泛认知，或者说，如何在动态的数字化媒介年代再认识鲍德里亚的拟真与超真实，还没有形成理论认识。鲍德里亚尖锐地批判了当代资本主义社会中媒介的意识形态本质和对主体造成的异化，站在后现代视角上对马克思主义政治经济学进行了深入审视。对于中国这样一个东方样本,这样一个社会主义现代化远景目标尚未实现的样本,媒介批判理论的有效性和启示性在哪里? 这个样本又会在多大程度上调整或扩大媒介批判理论的视野? 这是一个正在等待回应的问题。

第四节　介入性批判

该怎么看待鲍德里亚在中国的普及程度,以及其理论工具在知识群体中的广泛应用? 该怎么看待消费社会理论、媒介批判理论在当下社会中的解释力? 这个问题换个角度问就是:我们因何在当下研究鲍德里亚,以及到底应该怎么研究?

马克思及其理论后裔,无论是苏东学派、法兰克福学派还是西方马克思主义、后马克思主义,包括马克思主义中国化的成功实践和理论成果,都有着鲜明的马克思哲学特点——极强的时代性、现实性、大众性;观照人类整体命运,切入实践前沿问题,回应时代问题询唤,追寻总体性解决方案。笔者认为,这些理论能够始终保有马克思批判精神的重要方法,或可被称为"介入性批判",深入把握社会总体现实,敏锐前瞻社会演进态势,通过对现象性的事件、趋势、思潮、公共讨论的即时哲学批判,最终形成对社会整体解放路径的建构或颠覆。

介入性批判有几个特征。

第一,回应新且迫切的时代问题。

时代问题是指人类社会发展到当下的系统性问题,不是单一领域、具体视角下的现实问题,而是以问题为导向对整体形态进行的哲学抽象。"新且迫切"用以表达前沿性、尚未被表征和概念化的特征。晚年的鲍德里亚曾精辟地指出:

> 一样事物被命名,被表征和概念控制之时,便是其开始失却活力之时,即便其就此称为真理或是作为意识形态而不容拒斥……概念正是在事物开始消失时出现的。(鲍德里亚,2017:65)

这是他对符号解构真实的分析,从另一个角度讲,也传递了他作为介入性批判者对社会新态势的学术敏锐。

从西方马克思主义到所谓的后马克思主义,再到一些具有马克思思想特征的流派,从意识形态批判、技术批判、生态问题批判、空间批判到景观社会批判、消费社会批判,都是在试图回应新的、迫切的时代问题。包括鲍德里亚哲学在内,一些马克思主义的当代学术后裔出现了从政治经济学退回到哲学的倾向,但却无不是通过对资本社会新现象、新态势的批判重新聚合理论资源,"使诞生于19世纪的马克思主义获得了一种20世纪的当代形态","彰显了19世纪的马克思主义作为资本主义社会的自我批判的恒久价值"(张亮,2019),始终保有着一种在场性。

第二,带有一定的实证研究特征。

马克思的理论带有鲜明的实践品格,包含着对研究对象、社会现实的大量观察、实验和调查,获取客观材料,对命题进行验证,在此基础上搭建唯物史观和资本理论的宏大架构。其西方马克思主义的学术后裔虽然和苏东学派不同,没有改造社会基础和国家机器的宏大计划,但也都继承和发扬了其实证研究的特性——马尔库塞对文化工业的揭示和批判,本雅明的"拱廊街研究计划",都建立在对研究对象的深入观察和调研基础上。并非只有定量数据才能被称为实证研究,来自经验观察的材料,也是实证研究的内在特征。

从消费社会到符号政治经济学,再到媒介批判,鲍德里亚对资本社会现实进行了大量细致的观察,始终处于一种哲学视野和社会学视野交融的理论状态中。张一兵教授在《符号政治经济学批判》的中译本序言中说:

> 鲍德里亚很善于举例子,他的意思是说像洗衣机的自动和半自动的功能性区别通过广告已经转换为一种差异性的符号价值,呈现为某种地位性的差异……在此,物品的商品形式被提升为符号形式,经济权力转化为符号权力。(张一兵,2015)

"很善于举例子"可能是研究者的同感,不仅洗衣机式的例子随处可见,《符号政治经济学批判》中艺术品拍卖的例子已经算是鲍德里亚将政治经济学与结构主义进行连接的关键接榫。这种"善于",其实就是通过实证性研究积累了大量经验材料。

第三,构建总体性解决方案。

马克思通过对大工业时代资本主义的批判,发现了剩余价值规律,建立了历史唯物主义,形成了对时代问题的总体界说和系统回答。书写哲学史的学者们为了他的独特性而绞尽脑汁,罗素(Bertrand Russell)(2009:336—337)认为"他很难归类",又说马克思像"黑格尔一样,是相信有一个合理的公式概括了人类进化的人";科拉科夫斯基(Leszek Kolakowski)(2015:6)认为,"他的思想涉及人类事业(human affairs)的总体性,他关于社会解放的观点作为一个相互依赖的整体,包括了人类所面临的全部主要问题"。上述写史者有着出色的概括能力,建构整体性解决方案正是马克思理论的重要特征。

实际上,这个特征是和前两个特征内在呼应的。不寻求总体性解决方案,谈不上回应时代问题的询唤;不形成总体性解决方案,实证研究所积累的经验材料也无法经历哲学抽象。罗素所揶揄的"历史公式"中,其实包含着马克思理论及其后继者最大的理论冲动——无论其意在整体建构还是彻底颠覆。鲍德里亚以"消费"替代"生产"重构对资本社会的认知,吸取巴塔耶的太阳经济学,以"耗费"替代"积累"重新梳理人类历史,引入结构主义语言学,建构一般政治经济学以包裹马克思的政治经济学,都是寻求一种整体性的解决方案——即便他这种"解决"是一种彻底爆破。

介入性批判是深度介入现实的学术姿态和学术工具。有可能,它使得使用者显得不那么"哲学",比如鲍德里亚越到中晚期,就越不按照传统哲学写作方式写作,重要概念使用常常不加说明和界定,也不常见逻辑推理,随笔游记很多,文章表意晦涩,"在《象征交换与死亡》之后,就拒绝在虚构与纪实或小说与学术文本之间做出精细的区分"(莱恩,2016:148)。但是,这可能需要以"鲍德里亚式"的方式加以理解,在一个认为超真实已经取代真实的哲学家那里,哲学写作本身也应该是超真实的后现代的展演。因为文本一旦被界定为"理论"或"小说"等,就等于是真实世界的表征,可以被批评和拒斥,并以这种方式回到了"真实"的非虚构本身。换句话说,中晚期鲍德里亚这种非典型的写作方式,是忠于他自己的哲学的,可以看作具有介入性批判特征的一种表达。

笔者认为,对于鲍德里亚这类哲学家,同样需要以介入性批判的精神进行研究。在研究内容上把握思想史与社会史之间的关系,避免脱离社会发展的历史,概念化地理解西方马克思主义哲学家和当代马克思主义思潮;在研究方式上避免从概念到概念的研究方式,避免以一寸一寸厘定文本取代对理论批判力的现实观察。人们对于这位去世于2007年的哲学家的理论诉求,不仅是知道他消费概念的内涵、渊源和相关概念辨析,更是要知道消费社会理论在今天新资本形态、数据资本形态下的可能发育;不仅是厘清他的媒介理论和麦克卢汉、恩泽斯伯格(Hans Enzensberger)等理论家之间的种种学术关系,更是要知道互联网媒介环境下的超真实是否已经来临,在不同的文化共同体内又会有怎样的差别。既然鲍德里亚媒介批判不是形而上学的批判,也就不能以形而上学的研究方式对他进行批判,研究者需要像鲍德里亚一样——"很善于举例子"。

尤其是在我们今天所处的历史场景下,笔者认为,介入性批判的重要性更加凸显。新冠肺炎疫情2019年末突袭而至,不是打断而是重塑了人类历史,"疫情前"与"疫情后"已经成为很多思想家进行历史划界的关键词,经济社会领域长久以来存在的几种趋势正在进一步极化——经济的整体线上化、消费的数字化、生活方式的"云"化,这背后都是庞大且无远弗届的数字媒介在起作用,即鲍德里亚所言的由无限增殖的符号组成的世界。

　　在文旅、餐饮、零售等实体经济遭遇重创的情况下,直播经济迅速崛起,成为新的风口,带来了一种剧场效果并有效利用了粉丝经济的打赏心理,进一步完成对商品的文化编码,建构了"需求"的意识形态;在线下生活因为疫情动辄中止的情况下(这种中止或部分中止很可能会常态化),数以亿计的人需要依靠电子支付、数字消费、线上媒介生存:不仅是所有社群都要在线上完成重组,更重要的是"人"的定义已经发生改变,每个"人"都成了数据丛和二维码。在一个带有某种危机性的时刻,这些历史场景形成了一种对哲学介入的强烈呼唤,而且提供了批判理论参与塑造未来的契机。笔者认为,这是今天研究鲍德里亚式哲学家的研究者的第一背景,更是研究的旨归。

第二章　鲍德里亚媒介理论史前史

策划者应该想不到,他们创造了一个鲍德里亚式的符号/价值,而它带有一种催动传播的力量:一方面,"后浪"是漂浮的能指,没有具体指涉物,指涉物虚位以待,等待现实填充;另一方面,"后浪"执行符号/价值的基本原则"差异性",用媒介制造符号性差异,然后回沁现实,产生为渊驱鱼的效果。结果就是,社交媒体上不同年龄的人开始自动用"前浪""后浪"自我定义,"/"由此再次产生了。

始于消费社会,转折于符号政治经济学和象征交换,落脚于媒介批判,鲍德里亚经历了从修补到超越马克思主义政治经济学的学术历程,建构了独特的批判理论。在他的批判逻辑延展中,他先引入结构主义语言学和符号学,试图将马克思主义政治经济学变为自身符号政治经济学的特例,然后试图通过对象征交换的阐发,否证交换价值体系,逃离价值视域,对作为整体的资本社会及其内在的政治经济学逻辑和理性进行彻底的理论颠覆。

然而,象征交换的逻辑立足于人类学家莫斯等学者提出的原始社会样本。将其作为价值交换之外的另一个选择,带有明显的浪漫主义色彩与原始乌托邦指向。《符号政治经济学批判》《象征交换与死亡》表达了这个超越马克思的尝试,但其实也同时终结了这种尝试。认识到此路不通之后,鲍德里亚要在政治经济学之外寻找新的批判出路,《符号政治经济学批判》中的"媒介的挽歌"就显现出了这种新的动向:将结构主义语言学应用于媒介考察,重新审视发展拟像理论。可以这样说,媒介批判不但是鲍德里亚符号政治经济学方法论的自然延伸,而且与消费社会现实有密切呼应,从而成为其批判理论的必然选择。

第一节　符号政治经济学批判的架构及其超越

一、一般政治经济学的四元架构

鲍德里亚超越马克思主义政治经济学的尝试,始于建构一般政治经济学理论,从而包裹马克思的价值与使用价值概念。

首先,试图超越使用价值。

《符号政治经济学批判》从一开篇,就表明延续消费社会的进路,要对消费的意识形态进行批判。在这种消费的意识形态中,物的功能并非真正基于其自身的有用性,而是一种社会编码的结果:

> 物远不仅是一种实用的东西,它具有一种符号的社会价值,正是这种符号的交换价值才更为根本的——使用价值常常只不过是一种对物的操持的保证(或者甚至是纯粹的和简单的合理化)。(鲍德里亚,2015a:2)

鲍德里亚意义上的消费社会,相较于马克思所在的大工业社会,消费已在一定程度上摆脱了现实需求和经济性匮乏的诉求,奢侈性消费和炫耀性消费大量增加。购买电视机是为了一种文化建构:"在中产阶级(以及更低的阶层)的家里可以发现这一点,电视机被摆放在显著的位置,它以物的身份受到关注。"(鲍德里亚,2015a:43)房子,进入全球范围内表征地位的范畴之中:"一个人的住所与其在社会中的变动对应起来,按照其职业发展的轨道及其相应的地位而变化着。"(鲍德里亚,2015a:64)消费物已经不再是实用性意义上的物,而成了形式的符码(code)①与社会的操持,牵动着社会的主导与屈从、变动和惰性、分层与分类、交流与分化,由此溢出了马克思使用价值的界定。

在马克思的政治经济学意义上,使用价值是现实的,资本主义生产关系及其衍生的意识形态,就是抽象的交换价值对具体现实的使用价值的控制。因此,革命在某种意义上是使用价值的解放。但鲍德里亚认为,(消费社会的)使用价值同样是被需求建构起来的一般化体系,是和交换价值一样的抽象体系和社会规定。他的符号政治经济学批判始于使用价值的消解,或者说,使用价值的再定义。马克思意义上使用价值的消失,意味着经典政治经济学的"现实"土壤的消失;鲍德里亚意义上使用价值的出现,意味着符号政治经济学问题域的划定。

其次,试图超越交换价值。

在马克思看来,交换价值是价值在商品流通中的表现形式,而

---

① 对鲍德里亚不同著作的翻译,有的译者将 code 译为"代码",有的译为"符码"。本书两种译法都涉及,跟随翻译文本用法。

商品的价值来自其中凝结的无差别的人类劳动。针对这一点，鲍德里亚在《符号政治经济学批判》中以专章研究了一个特别的例子——艺术品拍卖，试图呈现"政治经济学的另一副面孔"。什么面孔呢，即拍卖品的成交价格既不基于使用价值，也不牵绊于供求关系，更体现不了马克思意义上的抽象劳动，而是由竞价者的竞价决定的，甚至，这种竞价受节奏、时间、空间等不确定性的牵动很大：

> 在此，并不像在拥有等价物的经济逻辑中所认为的那样是货币的数量说明价值，而是货币依据某种差异性或者挑战性的逻辑被花费、被牺牲、被吞噬的过程说明价值。（鲍德里亚，2015a：138）

在此过程中，如鲍德里亚一直强调的那样，消费不再是对需要的满足，不再是功能性的经济行为，而成了一种激动人心的游戏、一个竞争的领域。在其中，经济价值遭到了破坏，政治经济学规则失效，但却诞生了另外一类价值——符号/交换价值，及其背后的符号/价值。符号是对意义的一种抽象，它正是在意指关系中获得了符号/价值。一言以蔽之，在传统政治经济学所界定的消费（经济交换价值向使用价值反复转换）之外，还有另一种经济交换价值向符号/交换价值转换的消费；在传统政治经济学所界定的劳动之外，还有一种产生符号/价值的特定劳动，即一种奢侈的运作、一种消耗，既是一种消费也是一种生产，将经济价值与剩余价值转换为符号/价值。

符号/价值、符号/交换价值，都是鲍德里亚原文的书写方式。"/"代表一种对两个异质领域的区隔，也透露出鲍德里亚此时的理论纠结，即对符号是否还属于价值领域的一种疑问和不确定。如果说符号/价值尚徘徊于传统政治经济学的边界地带，那么他在分析中界定的另一个范畴"象征交换"，则完全超出了价值领域，成为资本主义经济运行之外的平行宇宙。

象征交换来自人类学家对原始社会样本的考证，是一种礼物交换仪式，典型的场景是美洲西北部印第安人的夸富宴。法国人类学家莫斯在其著作《礼物》中对夸富宴有深入解读：他分析了礼物交换这种带有经济、宗教和道德意义的总体呈献体系，发现了给予、接受和回馈内含的强制性和义务性——赠礼是赠送荣誉、威望和财富，但同时受赠者必须回礼，否则便会导致上述内容的流失，认为这种礼物交换保证了社会结构的稳定和等级的合法性。另外一位法国思想家巴塔耶深受莫斯的影响，关注到馈赠礼物与政治经济学关于物物交换的理论是相对的：礼物交换是作为一个独立自足的体系而存在于资本主义之外，是耗费性的、非积累性的、非交易性的，不能用政治经济学中原始人向文明社会的奋斗（从以物易物到货币形式）的叙事概括。基于此，巴塔耶认为我们应该从当下的经济学进入一般经济学，强调生产出来的剩余能量得不到利用，而只能毫无目的地流失，因此剩余（价值）不会有任何意义。

鲍德里亚继承了莫斯、巴塔耶的研究进路，认为象征交换是反抗资本主义经济价值交换的一种可供选择的路径，能够点亮政治经济学之外的暗域。巴塔耶建构了超越于经济学的一般经济学，鲍德里亚要构建的则是超越传统政治经济学，尤其是马克思主义

政治经济学的"一般的政治经济学",它内含四重架构:

使用价值的功能逻辑,对应的原则是"有用性";

交换价值的经济逻辑,对应的原则是"等同性";

符号/价值的差异性逻辑,对应的原则是"差异性";

象征交换的逻辑,对应的原则是"不定性"。

鲍德里亚对每个逻辑之间的关系都进行了辨析。只有使用价值与交换价值之间的关系,隶属于传统政治经济学的讨论对象,即从使用价值到交换价值描述了传统政治经济学的"生产"过程,从交换价值到使用价值描述了传统政治经济学的"消费"过程。其他关系都在马克思的研究之外(鲍德里亚认为),而在符号政治经济学的研究领域之内。

从使用价值到符号/交换价值①,重新界定了生产过程。这是一个符号的生产过程,是对传统意义上"有用性"的破坏,就如同半自动洗衣机和全自动洗衣机的差别不再是功能性差别而是地位性差别一样,消费社会的"差异"已经被重新进行了文化建构。反向说,从符号/交换价值到使用价值,意味着等级、特权这些地位性差别也成为一种生存需要,一种建立在差异性符号基础上新的"有用性"。

从经济交换价值到符号/交换价值,重新界定了消费过程。它包括了为符号/价值生产的花费,包括了奢侈性消费,是一个从商品形式提升为符号形式、经济体系向符号体系转变的过程。反向说,从符号/交换价值到经济交换价值,就像今天的 IP 抢夺和兑现

----

① 在鲍德里亚的意义上,符号/交换价值是符号/价值在交换中的表现。

一样,意味着一种文化特权与符号垄断向经济特权的再转换。

索绪尔有言,价值是棋盘中的意义。鲍德里亚建构一般政治经济学,就是试图建构传统政治经济学这个棋盘之外的世界(符号政治经济学),从而建立起对 20 世纪资本社会新的批判路径。为此,在提出这四重架构的基础上,鲍德里亚对经典政治经济学进行了一个语言结构主义的改造,可用三个公式来推演这四重架构的关系。

第一个公式是:符号/交换价值/象征交换=经济交换价值/使用价值。"/"类比马克思交换价值与使用价值的关系,即交换价值是对多样化、具体化的使用价值的抽象和理性化,符号/交换价值也是对具体化的象征交换的抽象和构造,从而使其符合某种经济秩序。这个公式成立意味着符号政治经济学服膺传统政治经济学规则,鲍德里亚的结论是——不可能。因为,象征交换并非一种价值,它不可能被抽象化、被编码,它的原则就是"不定性",因此这个公式不能成为等式。

第一个公式解体后,鲍德里亚(2015a:165)提出了另一个路径:不再将符号作为一个普遍的价值,符号的构成要素就显现出来,即能指(signifiant)与所指(signifié)。这也就是说,将处于符号与价值过渡地带的符号/价值,进行语言学还原,还原为由能指与所指构成的符号系统。这样,符号形式与商品形式之间的关系就可以构造为:经济交换价值/使用价值=能指/所指。将使用价值与所指对应,将交换价值与能指对应,鲍德里亚认为这囊括了一般政治经济学中的核心范畴的逻辑关系,使传统政治经济学与符号政治经济学的逻辑共同嵌入一般政治经济学的逻辑体系。

　　而象征交换则是一个无价值的领域，一个与整个价值领域相对立的领域。一般政治经济学与象征交换之间有一个"/"来区隔，最终形成了这样的公式表达：

$$\frac{经济性交换价值}{使用价值} \Longleftrightarrow \frac{能指}{所指}/象征性交换$$

　　由此，鲍德里亚用结构主义语言学对政治经济学进行了覆盖，并提出了价值领域之外的另一个平行世界，使象征交换得以安放。然而这个逻辑体系即使在鲍德里亚自己的语境中，仍然是有明显裂隙的。作为连接传统价值世界和符号世界的过渡点，符号/价值暴露了语言结构主义对价值世界格式化的痕迹，鲍德里亚（2015a：166）在它身上进行了两重互相矛盾的解读：一方面通过"不再将符号作为一个普遍的价值"，实现了交换价值、使用价值和能指、所指的对应关系；另一方面却又在这个公式成立后宣称，物质生产与符号生产"两者构成了整个价值领域"。

　　符号与价值之间的"/"类似一个门槛，符号政治经济学因此始终处于一种单脚迈出价值领域之外的纠结中。

二、符号/价值的超越性与纠结

　　2020 年五四青年节，中国年轻世代高度聚集的文化社区和视频平台 B 站推出了一个宣传片，名为《奔涌吧，后浪》。

　　短视频时长三分多钟，主线是"60 后"主流正剧演员何冰的演讲。他以年轻世代为模拟倾诉对象，给出了巨量热情洋溢的赞美："我看着你们满怀羡慕"，"我看着你们满怀敬意"，"我看着你们满怀感激"。"不用活成我们想象中的样子，我们这一代人的想象力不足以想象你们的未来。"演讲在高潮处停顿,最后结束于一个"我正在看着你"的眼神和有力的手势:"如果你们依然需要我们的祝福,那么——奔涌吧,后浪!"

短片瞬间刷屏。

它经过一流企划团队的策划,联合发布方囊括了处于不同思想光谱的多个媒体:《光明日报》《中国青年报》《环球时报》《新京报》、澎湃新闻、观察者网。但传播效果仍然远远超出策划者预料:5月4日之后的两个月,至少195个名字中带"后浪"二字的微信公众号诞生,24 300余篇与后浪相关的公众号文章井喷般出现,快手版《后浪》和钉钉版《后浪》等相继诞生。"后浪"当日登上微博热搜第一名,同名话题24小时达到2.4亿阅读量,随后无数相关微博话题铺排而来,不断和公共话题结合产生新的讨论面向:

有表达认同的,如"后浪时代""疫情下看见真正的后浪精神";有传递反建构态度的,如"别叫我后浪""不被定义的后浪";有年轻世代自嘲的,如"摆摊吧后浪""后浪生存图鉴""后浪式省钱";有继续关注"前浪""后浪"关系的,如"马云致后浪""贾樟柯谈后浪""奥巴马夫妇勉励后浪""董明珠称赞'90后'后浪的力量"。

可能,这个话题更带有鲍德里亚式的色彩——"你是什么浪?"

策划者应该想不到,他们创造了一个鲍德里亚式的符号/价值,而它带有一种催动传播的力量:一方面,"后浪"是漂浮的能指,没有具体指涉物——本韦尼斯特(Emile Benveniste)的概念,指涉物虚位以待,等待现实填充;另一方面,"后浪"执行符号/价值的基本原则"差异性",用媒介制造符号性差异,然后回沁现实,产生为渊驱鱼的效果。结果就是,社交媒体上不同年龄的人开始自动用

"前浪""后浪"自我定义,"/"由此再次产生了。

符号政治经济学时期的鲍德里亚,在双向意义上看待"后浪"这样的符号/价值。如前所述,"/"体现了鲍德里亚当时的理论纠结:符号/价值是否还是一种价值,符号政治经济学是否还是一种政治经济学?

一方面,符号/价值的提出,意在实现符号逻辑对价值逻辑的超越,回应商品价值主导的生产型社会关系向符号/价值主导的消费型社会关系转型的时代问题。因此,它具有一种非价值性,或者说超价值性。在这里,鲍德里亚充分运用了索绪尔与本韦尼斯特的语言学(符号学)理论。

作为语言学的创始人,索绪尔颠覆了语言用以表达事物的传统理解,将语言解析为一个封闭的、独立自足的系统,一套由所指(概念)和能指(图像、音响)组成的符号体系,并确立了它们之间的第一原则——任意性关联原则。

> 能指与所指的联系是任意的,或者,因为我们所说的符号是指能指和所指相联结所产生的整体,我们可以更简单地说:语言符号是任意的。(索绪尔,2019:102)

因此,这个封闭自足的系统超越于现实之外,单个符号本身没有意义,只能在与其他符号的差异、比对关系中才能获得意义。索绪尔最经典的比喻就是拿符号系统与下棋作比:棋子的价值在棋盘中,由不同棋子间的结构关系决定,被抛出棋盘的棋子因为失去结构而变得没有意义,符号系统也如是。虽然索绪尔本人并未直接使用"结构"这一范畴，但却留下了全面渗入当代哲学肌理的结构主义语言学传统。

其后继者本韦尼斯特敏锐地看到了结构主义和任意性关联原则导致的现实缺失，因此在能指与所指之外提出了"指涉物"概念。指涉物，即现实，能指 zhuozi 与所指"桌子概念"之外的、立在地上用以书写载物的可感可触的那个东西。这是一个防止任意性关联原则极化的理论补救，但在鲍德里亚看来，这却是本韦尼斯特对符号学的背叛。鲍德里亚（2015a：202）以指涉物为靶子，指出在消费社会或者说后现代社会里，"符号与'真实'指涉物的分割并不存在"。鲍德里亚（2015a：218）认为在能指的统治之下，所指与指涉物共同构成了内容，如同使用价值已经不是具体的有用性，而是被需求建构起来的抽象体系，指涉物意义上的世界也只能被看作符号的现实展开，"他们不过是象征性的拟像（simulacra）"。

这个观点似曾相识。在索绪尔的后继者当中，就有结构主义者和符号学家进行过极致化推论，认为符号系统产生特定语言的意义世界，在这个特定的意义世界中，现实万物才得以安排，社会行为在某种意义上可以被理解为按照语言模式进行"编码"的活动。哲学家拉康（Jacques Lacan）就曾有言："是字词的世界产生了物的世界。"（霍克斯，1997：12）在这里，传统认知中现实与符号之间的关系发生了颠倒，或者说，现实被消解了。

鲍德里亚同样对马克思主义政治经济学进行了这样的颠倒。一重颠倒是，在马克思的意义上，价值是对人类劳动的抽象，现实（指涉物）是逻辑在先的。鲍德里亚认为世界是符号系统的现实展开，符号是逻辑在先的。与之相关的另一重颠倒是，马克思的价值背后是现实的社会关系,而鲍德里亚的价值是一种在结构关系(如"前浪"和"后浪"对比)中形成的无指涉物的价值("前浪指谁,后浪指谁?")。在结构主义语言学的能指和所指系统里,没有指涉物的价值。相应地,符号无法价值化,因为它已经超越指涉物。消费社会的意指方式取代了生产社会中的生产方式。

与此相矛盾的另一方面是,符号/价值仍然处于鲍德里亚一般政治经济学的四重架构中,与价值体系内的交换价值、使用价值并列并且互相转换,仍然在一定程度上具有鲜明的价值性。也可以说,符号/价值是添加了符号学滤镜的价值理论。

符号/价值可以转换为交换价值。"后浪"火了之后,大批社交媒体都在消费这个符号,"后浪读书""后浪电影"之类的推介纷纷出现;借助它的文化联想而命名的节目,如"乘风破浪的姐姐",也获得了一种传播的助力、变现的助力;甚至"浪"这个字眼本身,都被事件重新赋值,提供了巨大的文化消费空间。文化特权、符号垄断,可以再转变回经济特权和价值,在这里可见一斑。

符号/价值可以转换为使用价值。鲍德里亚意义上的使用价值已经不是具体的"有用性",对应一种生存的需要,而更可能是依据差异性符号"有用性"以及对它们的消费而产生的社会价值的增值。"前浪"(马云、董明珠)发声是一种社会精英阶层、主导阶层再次自我确证的需要,隐性表达了其所拥有的社会建构权力。被建构的概念"后浪"即使受到了很多青年"拒绝被定义""拒绝被说教"的抵制,但它仍然因此反向满足了年轻世代态度表达的需要。而这种态度表达和人设确立,是互联网媒介时代的刚需。

符号政治经济学批判的最终理论归宿是对价值逻辑的超越。

社会发展进入了消费、丰盛环节,一个盛行拍卖和奢侈品消费的社会,是后马克思主义对应的现实。符号/价值的概念是鲍德里亚尝试将语言结构主义运用到马克思的价值体系分析当中后产生的概念,是现代与后现代处于共时状态时的理论投射,也是资本批判理论中一个待完成的转型。

进入鲍德里亚的理论发展进行时的情境中,符号/价值可被看作一种权宜之计:

> 正如马克思想到必须清扫政治经济学批判的道路,才能完成法哲学批判一样,这个领域的根本变革,首先就要批判全部意识形态范围内能指与符码的形而上学。由于还没有更好的术语,我们称之为符号政治经济学批判。(鲍德里亚,2005:34—35)

随后,当鲍德里亚(2012:5)进入《象征交换与死亡》的理论阶段,当自认寻找到完全脱离价值规律的"交换"之时,他当即宣布,符号政治经济学仍然涉及价值和价值规律,所以仍然是一种政治经济学,只不过这种提法"只是暗示性质的"。

如果从理论完成时的角度回观,符号/价值其实提供了一种理论敞开的可能性,不仅仅在于帮助鲍德里亚向象征交换过渡,更在于留下了象征交换批判尝试失败之后的进路。它指向了一种无指涉物、无真实的结构性价值对价值的超越,正是晚期媒介批判中"真实消失""拟真"等核心概念的逻辑生发之处。到那时,拟真概念将对符号/价值进行替代,拟真理论将对符号政治经济学进行替代。实际上，纠结的符号/价值远比彻底的象征交换更有生命力，会在鲍德里亚的批判理论中有长线地逻辑展开。

第二节　乌托邦的想象：象征交换

一、礼物机制与太阳经济学

和符号/价值相比，象征交换想要完成的是彻底的理论颠覆。

如果说，马克思的资本批判逻辑是建构在资本运行体系内部的、立足于资本社会规律性矛盾的现实性批判，鲍德里亚象征交换理论的出现，则是在资本主义所构筑的价值与交换体系成为近乎无法超越的生活方式时，批判者呈现的一种强烈理论冲动：寻找一个外部立足点，进行一种整体爆破。这种倾向，如前所述，在莫斯对原始社会的研究和巴塔耶的一般经济学中率先体现出来。

人类学家马塞尔·莫斯的作品《礼物》是 20 世纪人类学界最重要的著作之一。这不仅源于他转换了传统人类学研究以欧洲为主体、以其他文明为"他者"的视角，更在于他基于这种视角提出的一种深刻的反现代性的关系——象征交换，由此建构出了现代性批判的人类学基础。象征交换依托于原始部落之间的"礼物机制"而达成，这是一种带有义务性强制的交换方式，当一个人在原始部落中拥有一定地位和角色时，他就必须分享自己的财富（包括器物、粮食、女人、小孩），有时甚至需要倾囊而出以确证这种地位。而接受呈献的人，同样有回献的义务，拒绝礼物或者不进行更大的回献，就等于自认卑下、放弃群体中的地位。

　　丰富的礼物能为馈赠者带来荣誉和地位，馈赠产生的损失也必然会以回礼的方式得到补偿——这种循环往复的呈献、接受、回献，使得陌生或敌对的原始部落转变为和平状态，使得部落之间的关系和等级得以确立，也使得部落内部的等级结构保持稳定，部落内部的资源分配得以顺利完成。相较于现代社会的等价原则和贸易导向，礼物机制首先是象征性的，是一种政治行为，与现代资本主义社会工具理性下的交换是完全异质的。也就是说，象征交换不寻求价值对等，而是在大量呈献、耗费中建立一种角色认同和社会秩序。消耗而不是占有，耗费剩余而不是积累剩余，不断回环往复而不是线性前进，构成了象征交换的基本逻辑。

　　礼物机制中比较有代表性的是北美洲西北部印第安人的夸富宴。想象这样的场景：一个节日般的盛大集会上，婚礼、成年礼、萨满仪式、大神膜拜、图腾膜拜、祖先膜拜交织在一起，主人在宾客面前大肆杀牛宰羊、大把撒金撒银，大量的财物在具有神圣感和义务感的仪式下被赠出，甚至被耗费和毁坏。这种大量耗费构成了社会、法律、经济秩序的关键基础。这超出资本社会中现代人的想象，可能印在后者脑子里最大的"耗费"场景，无非也就是大萧条期间往河沟里倒牛奶了——这大概是生产积累型社会最大限度能容忍的"大逆不道"。

　　鲍德里亚鄙视我们这种贫瘠的想象。莫斯对原始社会象征交换的描述与判断，与政治经济学对原始社会"物物交换"的判断完全不同，后者所言的，不过是价值交换的非货币形式、前现代形式。鲍德里亚曾从这里出发，批评马克思是以政治经济学的逻辑建构了原始社会：

> 在马克思主义人类学家看来，经济体制也存在于这种类型的社会中，也在其中占主导地位，只不过这种体制是隐蔽的，潜在的，而它在我们这里则是显在的——但这一差异被认为是次要的，这些人的分析没在此处停留，轻而易举地转向了自己的唯物主义话语。（鲍德里亚，2012：197）

他敏锐地抓住了莫斯提供的人类学样本，为逃离资本交换方式的交往方式寻找到了历史支撑。

莫斯为象征交换提供了人类学支持，巴塔耶则提供了一种经济学视野。如果等价交换原则不存在，人类如何进行经济往来？如果财富不能被积累，社会到底会以什么样貌存在？巴塔耶的回答是：经济学可以不以"生产"为起点，而以"耗费"为中心。他以经济学眼光再次解读了莫斯的原始社会，认为在象征交换中，财富不是用以增殖的，而是用以耗费的，是挥霍而不是占有构成了这个社会功能性的经济行为。在其著作《被诅咒的部分》前言中，他如是写道：

> 我要补充说明自己所写的（如今出版的）这部书并非以合格的经济学家的方式来对事实进行思考，并且从我的视角来看，一次人类献祭、一座教堂的建造或一个宝物的馈赠与小麦的销售具有同等意义。（巴塔耶，2019：49）

将献祭、馈赠置于和生产同等地位的理论被巴塔耶命名为"一般经济学",研究生产、积累、剩余价值的政治经济学被视作它的特例。

"耗费"被看作人类社会发展的真正动力所在。从自然界的植物与动物,到人自身的繁殖与发展,从原始社会到资本主义社会的形成,从战争到革命,人类历史被巴塔耶以耗费逻辑重新进行了推演。这个逻辑有一个比喻性描摹:就像太阳不求回报地散播自己过剩的光和热,地球上万事万物从太阳的照耀中吸收能量,抵达自己发展极限后,其所吸收的过剩能量同样不求回报地被消耗掉。因此,死亡是一种交换的极致状态,本身就是过度与过剩的呈现,它绝不是生命的缺陷,而是生命本身的期待。鲍德里亚(2012:224)从这里看到了摆脱马克思主义政治经济学和弗洛伊德(Sigmund Freud)精神分析的力量,认为巴塔耶过度而奢侈的死亡观的意义在于"打乱一切经济的可能性","不仅粉碎政治经济学的客观之镜,而且粉碎相反的压抑、潜意识和里比多经济学的心理之镜"。

太阳经济学(一般经济学)被称为经济学是不准确的,某种意义上,它就是为了反经济学而出现的,更应该被看作一种巴塔耶史观。一个和莫斯的《礼物》相似的情况是,巴塔耶此书在首次出版时同样寂寂无闻,只卖出了 50 本,出版商拒绝为他支付稿费。几十年后,随着消费社会的来临,这部书的学术地位水涨船高,甚至被尊称为巴塔耶的《查拉图斯特拉如是说》。后现代的社会丰盛,大量生产、大量消费的场景,让耗费显得越来越有合理性,也和遥远社会的夸富宴形成了一种意味深长的重影。

　　鲍德里亚在这种重影之上建立了象征交换理论。在价值观念尚未形成的原始社会,馈赠与回馈本身形成了交换的目的,一切秩序都在双向回环的基础上形成,这就是象征性的交换。莫斯的礼物机制提供了象征交换的原始蓝本,巴塔耶以耗费为逻辑重新格式化人类社会经济史的太阳经济学,给予了鲍德里亚以象征交换视角颠覆政治经济学操控的具体路径。在《象征交换与死亡》中,他从终极问题(死亡)切入,以象征性死亡对现代死亡观(政治经济学式的、弗洛伊德式的)的颠覆开始,将社会历史进行了重新叙事。

　　死在现代社会是被拒斥的,与生形成了一种二元对立的叙事。在鲍德里亚看来,这种排斥死亡和死人的观念产生于16世纪之后,是被政治经济学操控的死亡观念。因为生命必将终结这一定论的悬置,生命变成了一种时间性的生产,变成了一种可以计算的价值,变成了需要不断累积以尽量延迟死亡的进程;因为对死亡的拒斥,生与死出现了隔绝,教会通过对来世的叙事而建立权力,政府通过对不朽等世俗性的叙事而建立权力,最终基于对死亡的垄断而建立了控制性的体制。

　　这种权力是如何进一步操控整个社会的呢? 生与死的分割扩展出了更多的分割:灵与肉、善与恶、男与女、白人与黑人、低等人与高等人,"后来所有的异化、分离、抽象,即马克思在政治经济学中揭露的一切,都扎根在这种死亡分离中"(鲍德里亚,2012:183)。正是在这种扩展中,二元对立和理性思维逐步主宰社会,生命变成了一种可以资本化判断和结算的东西,政治经济学所覆盖的社会阶段出现了。也就是说,政治经济学所指向的价值、交换、生产,是这种扩展的结果,而不是贯穿于人类历史始终的规律。

鲍德里亚认为,政治经济学其实把价值规律运用到一切历史形态中,把生产、交换这些概念永恒化,对原始社会进行了回溯性建构。在他的原始乌托邦里,死去的祖先通过秘传仪式"吞下"申请接受秘传的年轻人,年轻人通过象征性的死去获得生者与死者之间的交换。从生到死不是线性的,而是交互性的,死是生的一部分,"可以在社会交换中逆转的、可以在交换中'溶解'的死亡"(鲍德里亚,2012:185)。生与死的分割是不存在的,当然也就没有由此衍生的生产社会与价值规律。

通过原始社会的象征交换与消费社会的符号/价值,鲍德里亚对政治经济学进行了一种围堵:马克思的政治经济学只适用于分析大工业时代的早期资本主义,而不适用于资本原始积累之前的社会和原始积累之后的社会(消费社会)。但是,换成唯物史观的角度讲,事情可能就是另一种样子:鲍德里亚通过放大历史断裂这种带有恐怖袭击性质的方法,来对抗马克思连续性的历史观。无论是立足于原始社会的象征交换,还是没有指涉物的符号/价值,其共同点都是取消现实,取消从现实经济事实出发来揭示背后人的现实生存这一马克思传统,而将批判收回到符号所在的观念体系中,使现实批判复归观念批判。象征交换作为一种悬置在后现代社会之上的原始乌托邦,其理论彻底性本身可能就是一种现实无力感。

二、象征交换与政治经济学:张力的批判

象征交换与政治经济学之间的张力可以归结为几点。

第一重张力体现在寻求剩余价值和拒斥剩余价值上。作为马克思主义政治经济学的重要发现,剩余价值是整个资本社会的秘密,也是整个资本社会的动力,是不断扩大再生产的源泉。追求剩余价值既是现代社会整体经济系统运转的核心目标,也是每个个体的生存方式,更已经沉淀为一种文化意义上的"正当性"。可能正是充分感受到这种正当性的笼罩,鲍德里亚从莫斯、巴塔耶的理论流派中提取出耗费的逻辑,形成了以耗费剩余、消灭剩余为特征的象征交换理论。英文夸富宴一词 potlatch 的本意就是"散尽"。

另一重张力体现在二分法与循环性的对抗上。鲍德里亚认为,生与死被分割、此岸与彼岸概念的出现,衍生了一系列灵肉、善恶等二分法思维,打破了原始社会象征交换中的交互性,使得生变成了一种可以计算(无论是宗教的末世审判还是世俗政府选定的不朽荣誉)的东西,生命成为价值,时间成为一般等价物,这形成了政治经济学的操控:

> 让生命失去死亡,这就是经济操作本身——这是残余的生命,它从此可以用价值操作和计算的术语解读。这就如同沙米索(A. von Chamisso)的《彼得·施莱米尔的奇妙故事》中的情形:施莱米尔在出卖影子之后(即失去死亡之后),变得有钱有势,成了资本家——与魔鬼签订的契约从来都只是政治经济学契约。(鲍德里亚,2012:183)

还有一重张力体现在理性与反理性上。在政治经济学所描述的生产型社会中,价值构成了意义源泉,而意义构成了生存的目标。无论利己者还是利他者,都是在努力积累可计算的价值,只不过投注对象不同罢了。而鲍德里亚的象征交换所强调的,恰恰是无谓的耗费、荒诞的流失,其所追求的是一种理性之外的无意义,或者说理性之外的意义。因为理性本身就是内嵌在生产型社会当中的,是一种生产型社会的意识形态建构。

总的说来,政治经济学是线性逻辑,是进步性的、生产性的、积累性的;象征交换是一种折回性的,反生产、反积累,折回是一种神性逻辑,只能回到原始社会。鲍德里亚始终认为,马克思以生产力发展为历史推动力的逻辑与资本主义是同构的,而建立在生产力发达基础上的解放,其实是对生产性社会的进一步放大。马克思的解放与其解放的对象一样,遵从线性的时间、线性的积累、线性的经济交换,而象征交换的理论彻底性就在于一切都是可逆的、可以折返的。

鲍德里亚在 1979 年撰写的《论诱惑》一书,进一步推进了象征交换与价值交换的对抗。"诱惑"被称为鲍德里亚最后一个形而上学概念,这也是象征交换在两性关系中的延伸。在这部明显带有鲍德里亚中晚期特征的作品里,他的写作方式晦暗不明,很难见到清晰的哲学论证,也没有对概念边界的划定和厘清。然而,这种写作方式,可能正是他反秩序、反建构、反理性的一种文字展演。

《论诱惑》缘起于对当时法国女性主义的批判。20 世纪 70 年代的法国女性主义正处于弗洛伊德的力比多逻辑中,将欲望解放作为女性解放的一个表征。延续《象征交换与死亡》中对弗洛伊德生与死二分的批判,鲍德里亚在《论诱惑》里指出:弗洛伊德的理论中只有一个性别——男性,女性则是男性的派生对立物。这意味着,法国女性主义者执着于弗洛伊德的欲望理论,本身就是将自身封闭在了他所建构的男女二元结构中。

为了超越这种性别区分,鲍德里亚提出了一个非性别概念"女性气质"。在前现代社会里,女性气质作为一种生殖力量的代表具有根本性,性别及男性概念的出现和建构是它派生的。更进一步说,女性气质不是性别,它没有性别区分,它对抗男性主导的性别二元区分结构。如同象征交换超越了生与死的二元对立一样,女性气质也解构了男女二元结构。

女性气质促成了诱惑的诞生,同时是诱惑在性别叙事中的典型表现。诱惑是游戏,是挑战,是一种"消除话语意义并且使话语偏离真理的东西"(鲍德里亚,2011a:81),鲍德里亚更强调它的表面性,因为一旦深入表象背后,就进入了政治经济学的理路,开始探讨真理、本质和确定性。而作为一种与性(非弗洛伊德意义上的性别)相关的象征交换,诱惑的特征就是不确定的、反理性意义的。它首先体现了一种不确定性,没有两性的区分和对立,没有性别的符号化;同时是一种消耗性的折回,没有生产,没有建设。鲍德里亚似在提示法国女性主义者,在弗洛伊德式男性/女性框架中寻求女性解放,反而是把性别禁锢在男性叙事之下,形成女性主义无法突破的理论内在对抗。实现性别的不确定性和诱惑式的象征交换,才是解放的彻底性。这一点,对女性主义发展到性别理论阶段有重要推动作用。

诱惑是一个复杂的概念,其在鲍德里亚晚期理论中的意义后边还会详述,这里想说的是:通过《象征性交换及死亡》和《论诱惑》,鲍德里亚以象征交换的逻辑重审了弗洛伊德的两大主题——死与性。正是对这两大人类社会根本性主题的理论言说,最终构成了现代社会的意识形态。鲍德里亚也正是通过对这二者的重构,完成了对原始社会(没有被经济价值体系污染的本真象征交换)的招魂,形成了拒斥现代文明的逻辑基础。

　　然而有意味的是,象征交换就如同弗洛伊德男性/女性结构中作为"男性"派生物的"女性",是附着在生产社会的价值交换上的。因为它没有现实的建设性,而必须作为政治经济学的批判性视角存在,作为价值交换的对抗物存在。或可说,鲍德里亚选择了一种恐怖主义的批判道路,致力于中断和废黜进步史观的宏大叙事。但就像恐怖主义一样,它携天国与圣战之威,从天而降打击秩序成熟的世俗社会,制造交通的断裂、影剧院的爆炸、公共机构的失控,但其自身却根本无法建造一个有交通、影剧院和公共机构的王国。破坏性就是破坏性其本身。

　　彻底消灭意义,可能代表着一种无出路。象征交换对政治经济学的批判是彻底性的,因为它彻底爆破了内在于政治经济学的建构性、建设性。但在完成这种理论超越的同时,它自身也无再建构性地寻找资本社会出路的可能。鲍德里亚的理论始终弥散着一种巨大的悲观性和对所批判的对象的无力感,认为包裹着人类的、资本的水晶玻璃球唯一的走向就是同归于尽式的内爆,这是由象征交换的理论基因决定的。

　　回想一个现实场景。

　　2018年春节前后,北京西单大悦城商场曾发生了一起持械砍人事件。35 岁的嫌疑人朱某某（后被判处死刑）在经过长时间准备后，于 2 月 11 日在大悦城 6 楼持械追打、砍刺人群，造成 1 人死亡、14 人受伤。在北京这样的首善之区，在西单这样符号性的商业中心，鲜血喷溅和人群骚乱的画面显得如此令人难以置信，瞬间震惊了舆论场。

略带不敬地说，这可能是一个鲍德里亚式场景。嫌疑人是典型的社会边缘人，辍学、厌世、沉迷网络游戏、隔绝社会关系，在河南、江苏、河北等多地打工谋生均非常不顺。他最终蓄谋在西单规模最大的商场无差别杀人，潜意识里可能觉得这里是最适合"报复社会"的场域。想想看，由巨大橱窗、观光电梯、大型电子屏、奢侈品、流动的灯光组成的现代商场，（在鲍德里亚意义上）是水晶球一样的资本世界的缩影，忽然闯入的行凶者，则可以看作被剩余价值拒斥、企图打断价值交换的象征交换者。

再想想鲍德里亚（2005：63）在《生产之镜》中说的那句话："在这种交换中，关系（而不是'社会'）是联结性的，排除了任何剩余：任何不能被交换或象征地分享的东西，都会打破这种相互性，构建着权力。"换个角度说，这意味着，在象征交换视野下，为了防止权力的出现，任何剩余都应该被消除掉——就像西单行凶者下意识想做的那件事情。

从这里，人们可以嗅到象征交换带着的危险气味。这种危险，可能就是一种理论不能行进下去的警告。

第三节　"媒介的挽歌"

"媒介的挽歌"出现在《符号政治经济学批判》的结尾，是结构主义化了的符号政治经济学运用于媒介批判的结果。如鲍德里亚所言，在唱响了辩证法的挽歌后，是时候唱响媒介的挽歌了。

在经典马克思主义的理论中，媒介属于上层建筑范畴，是意识形态的载体，被经济基础决定，它的属性取决于承载什么内容、由哪个阶级掌控。意识形态学说与政治经济学是逻辑同源的，遵从经济决定论，遵从辩证法的矛盾运动，但恰如在符号政治经济学中，使用价值和交换价值的关系被改造为符号学意指关系一样，鲍德里亚意义上的媒介也是一套由能指和所指组成的符号系统，不再是中介，而是已经本体化；与"指涉物"无关，所以和现实无关。

在早期的消费社会理论中，媒介也是鲍德里亚试炼其批判理论的对象。他当时所关注的，是扁平化的消费社会中，媒介将信息化约为同质信息的现实。比如，分析一个随手记录下来的包含剃须刀广告、运动轮胎广告、比拉夫战争报道、死刑辩论、洗衣粉广告的广播序列时，鲍德里亚（2014：112）直言，这种常见的排列还不仅仅向读者暗示世界冷漠无情，只有消费品值得投资，更重要的是，媒介"通过信息有条不紊的承接，强制性地制造了历史与社会新闻、事件与演出、消息与广告在符号层次上的等同"。也就是说，媒介根据同样的编码规则，对历史、社会、文化事件进行重新诠释，将本来各各特殊的、各各唯一的事件,最终纳入一个互相同质、互为意义并互相参照的传媒宇宙。

经历符号政治学批判之后,这个自运转的传媒宇宙获得了更为坚固的理论支撑。在鲍德里亚看来,马克思的政治经济学不能处理符号/价值,因此它被禁锢在18—19世纪的大工业生产时代;建立在政治经济学主要矛盾——经济基础(生产力)与上层建筑(生产关系)——上的媒介理论,同样不能解释意义、信息及符号的生产。将当下的媒介放入生产力逻辑进行解释,已不再是激进的、批判的,而是进入了一种革命的形而上学中。

实际上,与鲍德里亚大致同时期的左派学者,对文化与媒介批判都有新的延伸:法兰克福学派的霍克海默、阿多诺提出了文化工业概念,马克拉伯(Machlup)提出了知识工业概念,而德国作家恩泽斯伯格则撰写了《意识工业》一书,并专章撰文《媒介理论的构成》:上述这些都是马克思之后的左派比较经典的批判路径。但鲍德里亚认为,用"工业"来描述媒介的特征,是典型的将马克思对资本主义生产方式的分析拓展到对媒介的分析。因为始终未能超越生产这个逻辑,恩泽斯伯格才会认为媒介问题在于被统治阶级垄断、媒介的基本平衡性被资本主义秩序破坏,需要革命将媒介中的潜能释放出来,相当于将马克思的解放逻辑套用在媒介上。"它就是在传播领域中的古典政治经济学。"(鲍德里亚,2015a:242)

符号生产已经成为当代资本社会新的生产特征,符号/价值在价值规律上打了一个关键的洞。延续这个逻辑,鲍德里亚认为媒介的真正问题不是被谁(资产阶级还是社会主义者)垄断,而是本身就是一个垄断。媒介是一个被编码的整体符号体系,符号的能指与所指之间是任意关联的,因而是取消指涉物(现实)的,有下面几种表现:

首先是阻止回应。因为信息技术的发展,人们的一般观感里,媒介是从报纸、广播、书籍这样的单向宣介向电视、互联网这样立体交流的方向转变的;但在鲍德里亚(2015a:230)的意义上,媒介总是阻止回应,让所有的交流成为不可能。这是媒介真正的抽象性。比如大众媒介最能体现民主性的项目——公选制度、民意调查,其中的回应已经暗含在题目当中,言说本身通过一种拟真的迂回回应了它自身。在互动和交流的伪装之下,言说的专制形成了权力。

乔治·奥威尔(George Orwell)的名著《1984》中,"老大哥"(国家权力)通过"电幕"(电视)来监控每个个体,从而以媒介为工具形成一个具有极强覆盖力的透明监狱。在鲍德里亚看来,这个思路同样是古典政治经济学的——媒介是工具,垄断者在背后。鲍德里亚(2015a:233)的批判逻辑是:控制本身就内在于电视的存在,"没有必要将电视设想为监控每个人的私生活的望远镜,它的功能比这更有效:可以肯定的是,人们不再互相言说,人们被孤立了出来,面对着一个没有回应的言说"。

其次是社会控制。同样与左派思想家的一般观感不同,鲍德里亚并不认为媒介在法国68革命中起到了颠覆性的作用,并不认为通过电台和报纸动员学生运动是一种解放行动。相反,因为媒介的普遍介入和发挥的枢纽功能,一些突然和非正常的发展被强加到事件的运动之中,通过这种强制性的夸大和变形,媒介剥夺了运动自身最初的节奏和意义。在革命的风口浪尖之上，在各种秩序都处于混乱的状态下，只有媒介保留了一种普遍抽象的形式，掌握着赋予事件意义的权力，潜在地对革命进行了一种编年史书写，由此完成了社会控制。

　　按照本雅明、恩泽斯伯格这样的左派思想家的理路，媒介透视了革命中的一些事件并挖掘其政治本质，是一种进步和胜利。而鲍德里亚则恰恰相反，认为无论在法国 68 革命中，还是在巴勒斯坦运动浪潮、美国的黑人平权运动中，媒介都将一些关键的、可能非政治的事件赋予了"历史性的"光环，从而被政治化。换句话说，前述思想家认为媒介是政治的本质在各类事件中再现出来，而鲍德里亚认为，是媒介让各类事件整个地入侵到了政治当中：

　　　　它们由一些平行的范畴（来源于年鉴或者大众的编年史）
　　被卷入了一个富有神话性的阐释系统，一个封闭的意指关系
　　的模式体系之中，没有任何事件可以逃脱这一体系。（鲍德里
　　亚，2015a：238）

　　所以，媒介不是恩泽斯伯格等左派思想家意义上的"载体"，也不是麦克卢汉（"媒介即讯息"）意义上传播信息的技术，而是"模式化的强制"（鲍德里亚，2015a：238）。

　　到这里，鲍德里亚在中晚期转入媒介批判的逻辑基本可以明晰了。

　　自马克思从黑格尔法哲学中单独拿出主奴辩证法和劳动范畴进行批判性改造，他和他的学术后裔就以政治经济学为资本研究

的主要阵地,这既划定了批判的领域,也提供了批判的入口。从消费社会到符号政治经济学再到象征交换,鲍德里亚同样是在政治经济学视域内进行批判,虽然他对政治经济学进行的批判是颠覆性的,但这种颠覆性也是一种覆盖性、超越性,无论是用消费社会颠覆生产社会,还是用符号政治经济学超越经典政治经济学,都带有一种"接着讲"的特征。

语言结构主义是他用以颠覆经典政治经济学的主要工具。商品的符号化使消费社会的内在逻辑得以展开,符号/价值的界说使符号政治经济学得以成立,在此过程中,媒介展示出了比商品更典型的符号学特征:不但本身就是一套语言(符号),并随着数字化发展越来越形成整全的符号系统,而且最为鲜明地体现了符号/价值的定义性特征——差异性,具有抹平和构造差异的能力。这种能力,在今天大众媒介化的时代几乎可称无与伦比的。所以,"媒介的挽歌"一章的出现传递了一个信息,鲍德里亚对媒介的研究正在他的学术中显性化。

象征交换作为批判路径的失败是与之相关的另一个原因。象征交换展现了鲍德里亚对经典政治经济学颠覆的极致化,不仅要废黜剩余价值和理性,而且要逆转进步性史观。这固然使得对资本社会的批判极具爆破性,但也同样因为这种彻底的破坏性,象征交换理论没有继续延展的空间,而且如恐怖主义一样,始终要寄生在它的批判、颠覆对象之上,从而形成了一种悖谬。在鲍德里亚的后续作品中,包括对媒介的批判中,象征交换始终以一种批判性视角存在着,但却不再是理论的主体。

象征交换的尝试是失败的,一定意义上意味着鲍德里亚对政治经济学的整体改造转向悲观。如果政治经济学不行,那么资本批判的新路径在哪里呢?媒介的角色此时自然凸显出来。媒介的批判,不但能顺利地被放置在结构主义语言学的语境当中,而且能延伸《象征交换与死亡》中提出的拟像、拟真逻辑,并与消费社会的现实有丝丝入扣的呼应,切入后现代的哲学命题与公共讨论。如果从鲍德里亚中晚期理论回看早期,似乎可以说,种种理论准备最终在媒介问题上形成了汇流。

第三章　鲍德里亚的媒介批判:路径与旨归

在媒介化生存的时代,个体人被抽象为一个二维码,即使是包括父母在内的亲友社群,都选择相信:账号＋图片＋表情就等同于一个人的"存在"。纪念账号的存在和赛博空间的扫墓,以一种未必准确但直观的方式展示了拟像说。

鲍德里亚于 2007 年去世,其理论观察得以延伸到 21 世纪。在其去世前后,脸书和推特相继诞生;在其去世的两年和四年后,中国出现了微博和微信,占地球总人口五分之一的人口极快速地适应了社交媒体生存。2020 年的数据显示,全球超过 45 亿人使用互联网,超过 38 亿人使用社交媒体,所有用户当年在线累计花费的时间是——12.5 亿年。可以这么说,媒介生活贯穿于地球人的衣食住行,个体"人"完全可被按照流量、数据、注意力、信息内容、转发行为来进行定义。

主体消失于媒介——这可能是鲍德里亚的媒介理论预判到的。结构主义语言学对政治经济学的改造是不彻底的,但改造的过程却使鲍德里亚注意到,靠相互意指关系而存在的符号之网,与由数据和代码构成的媒介(尤其是互联网)是天然契合的,后者天然地提供了前者逻辑铺展的对象物。这张代码之网通过拟像达到拟真,制造了超越真实的模型,使模型成为一种无法否证和拒斥的超真实。今天活在网上人设、网络社群、模式社交、推送算法中的现代人,被看作目标/非目标用户、私域流量甚至二维码的现代人,可能更容易直观地理解何谓"模型先于真实"——虽然这个概念形成于 20 世纪 80 年代。

第一节　媒介批判理论的关键词和展开方式

一、拟像的三等级说

拟像与拟真是鲍德里亚媒介批判的入口和关键词。在《象征交换与死亡》中,尚处于政治经济学思考中的鲍德里亚从历史的维度描述性地给出了拟像的定义:

第一等级是"仿造",是从文艺复兴到工业革命的"古典"时期的主要模式。这时的拟像是对真实原型的模仿和仿制,依赖的是价值的自然规律。第二个等级是"生产",这是工业时代的主要模式。此时系列化生产出现了,真实与拟像之间的界限消失了,真实原型消失在成系列的工业品中,此时起作用的是商品的价值规律。第三个等级是"拟真",指目前这个受代码支配的历史阶段,模型产生了,成为先于真实而存在的模板,此时起作用的是价值的结构规律。所谓结构规律,即指结构主义语言学中的意指关系,尤其是所指的不确定性。

对媒介的特别关注是晚近以来大多数社会批判理论的共性。本雅明是最早注意到大工业生产和复制给文艺带来规训的理论家。20 世纪 30 年代,他从文化批判的角度切入,撰写了《机械复制时代的艺术作品》一书,剖析了古典艺术与现代艺术的区别,认为机械复制技术制造了"世物皆同"的效果,消解了艺术唯一性,使创作变为冷漠的、碎片化的和主体不完满的。

其后的 50 年代,麦克卢汉的《理解媒介》出于对技术的相似理解——"没有把技术当成'生产力'","而是当成中介,当成整个新一代意义的形式和原则"(鲍德里亚,2012:71),提出了媒介即讯息的观点,同样暗含着信息是内在于再生产(系列性、复制性)的意思。

60 年代,居伊·德波的名作《景观社会》问世,着重指出了真实社会的全面沦丧以及大众媒介的全面覆盖,认为资本主义业已超越生产阶段,超越了利用饥饿和压榨来实现阶级剥削的阶段,发展到了一个独特的景观阶段:生活的每个细节几乎都已经被异化成景观的形式,所有活生生的东西都仅仅成了表征。提出拟真三层次说的鲍德里亚,继承了本雅明历史主义的批判方式,进一步超越了德波对媒介的定义,试图以拟真逻辑重新梳理近现代历史,并将现代资本社会的统一性归结到符码控制上。

按照历史阶段进行分析,在拟真的第一等级"仿造"里,鲍德里亚举出的例子是"仿大理石天使"。仿制品从文艺复兴时开始出现,从假背心到假牙,再到巴洛克式舞台布景,尤其以仿大理石的出现为集中代表:它一方面意味着,现代符号开始在对自然的模仿中找到了自己的价值;另一方面也意味着,封建时代"每一个符号都没有歧义地指向一种地位"的确定性被资产阶级粉碎了,符号的专有权被粉碎了。仿造是资产阶级的上升期在符号权力上的投射。

鲍德里亚举例,第一级的拟像和第二级的拟像之间的差别,就像自动木偶和机器人的差别:前者是古典的、各各不同的,是对人的戏剧性、机械性的仿造;后者是工业革命后机器生产能力的集中代表,是技术原则支配社会的表征。所以,"自动木偶是人的类比物",而"机器则是人的等价物"(鲍德里亚,2012:67)。

第二级的拟像被称为"生产",是机器大工业时代的概括,是传统政治经济学所覆盖的阶段。在流水线和系列化的制造中,在扩大再生产中,原型消失于系列,再无真实与仿造的界限。生产本身要求一种等价法则,要求按照商品价值进行等价交换,而只有消除原型(真实),等价交换才有可能。

这里潜在地涉及鲍德里亚的两个拒斥。一个是对辩证法的拒斥。原型与仿造的关系其实就是真实与反映、本质与表征的关系,而进入拟真运动的第二等级,这种反映关系消失了,本质、真实与表征之间的关系与距离消失了。鲍德里亚在拒斥辩证法叙事。

另一个是对历史唯物主义的拒斥。生产与劳动在马克思那里是贯穿历史的人类的对象性活动,是一切历史存在的前提。而鲍德里亚通过拟像理论,站在结构主义语言学的角度重估了生产,把生产作为拟像的第二阶段,其实就是把生产作为一个特殊阶段纳入符号秩序。在鲍德里亚那里,生产是拟像运动中的一个插曲,就像马克思主义政治经济学只能覆盖机器大工业时代一样。

系列再生产发展到一定阶段,"模式"生成了,拟像运动进入了

第三级的"拟真"阶段。物品不再是机械化再生产出来的,而是立足于复制性本身设计出来的,以模式为核心散射出来的:

> 不再有第一级中那种对原型的仿造,也不再有第二级中那种纯粹的系列:这里只有一些模式,所有形式都通过差异调制而出自这些模式。只有纳入模式才有意义,任何东西都不再按照自己的目的发展,而是出自模式,即出自"参照的能指",它仿佛是一种前目的性,惟一的似真性。(鲍德里亚,2012:72)

拟真的出现与数字技术的滥觞相伴随。生物学上,脱氧核糖核酸(DNA)被发现,人们发现,人类的遗传状态原来已被预先写在 DNA 结构中;计算机技术上,0 与 1 的二进制系统普及,经济社会演进按照被编译的程序进行,人类进入了结构和二项对立的世界。鲍德里亚撰写《象征交换与死亡》的年代,正是 DNA 双螺旋结构分子模型被发现,其遗传密码被破译的时代,这不仅仅是一场生物学意义上的地震,更深度波及了人类学、伦理学、哲学等基础人文领域。以哲学家的眼光透视,鲍德里亚捕捉到了遗传学和结构主义语言学有着微妙的一致:一个建立在符号关系上的系统,形成了能指与符码的形而上学,反向决定着指涉物(真实)的世界。

"目的性已经预先存在,已经写入代码。"(鲍德里亚,2012:76)体现在媒介上,一个重要的例子就是民意调查与全民公决:媒介通过提供可供选择答案的剧本,通过问题设计、信息限定、遴选样本,排除了无法控制的可能性,形成了对社会的有效控制。

以十年前笔者做过的一个典型的时尚杂志调查为例，调查的第一题就是关于年薪的，而其所设置的最低收入选项是 30 万—50 万。这不但严格地限定了样本范围，而且也强化了其想要宣示的阶层感，后者正是该杂志最好的广告。当纸媒式微，时尚、汽车、职场＋城市新贵的符号性日渐褪色，公共事件的网络调查却更为模板化和粗暴化，可选答案多被简化为"赞同＋理由""反对＋理由"和"与我无关"。如何给定理由、给定什么样的理由，完全可以牵引公众选择预设的答案，形成对具体公共事件是非的判断。更重要的是，这种二元性判断的普遍化，潜在地规训了公众的思维方式，使公共讨论水平趋向幼稚。

如同鲍德里亚描绘的，全民公决等调查作为拟真形式，将社会精神模型化，最终形成了"公众舆论"这一漂浮的能指，它已经不指向任何真实的政治实体，而是构造了一个带有普遍性的、超真实的政治态度。恰恰因为普遍和超真实，"公众舆论"有了不能拒斥的正当性。

拟真时代的到来，意味着模型已经先于真实产生。资本社会的统一性归结到符号控制之上，生产本位的资本主义社会转向了控制论的新资本主义秩序。更重要的是，后者是一种绝对控制。因为，系统一旦生成，它就是抹平内在矛盾的——不再有与之对照的真实做参照，没有对抗和革命可能，超越了辩证法。因此鲍德里亚认为，拟真是整个历史的结果，在这一历史中，"上帝、人类、进步以及历史本身都为了代码的利益而相继死亡"（鲍德里亚，2012：77）。

可能正因为拟真已经成为"整个历史的结果"，鲍德里亚在

1981 年撰写的《拟像与拟真》中,不再按照历史主义视野来解读拟像的阶段,也不再使用政治经济学术语,开始以拟像和拟真为关键词建构文化批判文本。从研究内容来讲,这部作品标志着他完成了从符号政治经济学向媒介批判的转向,从马克思的学术延长线向独立理论建构的转向;从研究方式来讲,这部作品开始呈现出他晚期的写作方式——文化批评、游记,已完全不再按照哲学文本"应有的样子"进行写作。在这里,与前述完全按照资本主义发展阶段划分的拟像三等级不同,鲍德里亚提出了拟像的四阶段说。

二、拟像的四阶段与"超真实"

在大型社交媒介时代,每个人的个人史都以数据方式存储在媒介中。互联网足迹,如云端的备忘录、网盘里的视频、微博里的照片,记录着一个人的生活,数字化人格在网络世界里形成,"0"和"1"构成了我们的每一个选择与表达。极端的情况是,当一个人在现实中逝去,他仍然可以以赛博(cyber)身份继续"生存"下去:据称脸书有数千万个账号的拥有者已经过世,而社交平台将其作为"纪念账号",允许死者的亲属或密友代表逝者处理新的好友请求等事宜。

在媒介化生存的时代,个体人被抽象为一个二维码,即使是包括父母在内的亲友社群,都选择相信:账号＋图片＋表情就等同于一个人的"存在"。纪念账号的存在和赛博空间的扫墓,以一种未必准确但直观的方式展示了拟像说。在《拟像与拟真》一书中,前社交媒体时代的鲍德里亚举了另外一个例子——圣像与上帝。

数百年来,反圣像主义者坚持破除圣像,给出的原因是众多圣像的传播亵渎了一神论中神的唯一性,"真正"的神可能会被一系列模拟的形象取代。鲍德里亚认为,这样的判断还停留在圣像错误地表征(represnentation)上帝这一层面,而圣像之所以危险的真正原因在于,它们有着"从人的意识中抹除上帝"的功能,让人意识到"从来没有任何上帝存在过,只存在着拟像,事实上,上帝本身只是他自己的拟像"(Baudrillard,1994:4)。

整个西方的信仰都建立在一个关于表征的赌博上:符号一定指向一个深层的意义,符号与这个深层的意义相交换,而正是上帝存在本身保证了这种交换。也即,存在一个真实的上帝,诸多符号化的图像表征这个真实的上帝。但是,鲍德里亚认为,图像背后可能空无一物,上帝本身就是一个巨大的模拟的像——不是不真实(unreal),而是一种拟像,也就是说,不与真实发生交换,只与自身发生交换。

这就是拟真,与表征相反。表征来源于符号与真实之间的对等交换原则,拟真却拒斥一切对等交换,拒斥符号作为每个所指(reference)的回应。一个社交媒体上的活跃账号,作为符号化的"人",其所指不是确定的(背后未必是本人),也可能并无所指(真实的个体已经消失),而可能更准确的描述是——它就是二维码本身。

鲍德里亚在此概括了拟像的四阶段说:第一阶段,图像是真实的反映;第二阶段,它掩盖和改变了真实的性质;第三阶段,它掩盖了真实的缺失;第四阶段,它与真实没有任何关联,它就是纯粹的拟真,没有本源的真实。在最终的拟真状态中,拟像间相互指涉而不再表征任何现实,超真实取消了真实,整个世界变成了一个拟像的狂欢。

在本质和表征对等、对立的秩序中，有真与假的关系，因此也有存在与不存在的关系，但在第四阶段拟真状态中，本质与表征被挤压成一块铁板，符号不再指涉一个指涉物，其背后已经空无一物。上帝内在于上帝的影像，除了影像，上帝什么也不是；耶稣的生与死就是主显节中的"显灵"，除了这种人为的复活，耶稣没有生死。

> 从掩饰某物的符号转变为没有任何东西可掩饰的符号，这是一个关键性的转折点。前者意味着真理和巫术的神学（意识形态的观念仍然属于这种神学）。后者则开始了拟像和拟真的时代，在这个时代里，不再有任何认识自己的上帝，也不再有任何将真理从错误中分离出来、将真实从人为的复活中分离出来的终极审判，因为一切都已经死去并且都被预先复活了。(Baudrillard, 1994:6)

拟真就是一种模型的运动，模型首先出场，事实（fact）诞生于模型的交点（intersection），所有的模型可以同时产生一个单一的事实。因此真实已不存在，取而代之的是一种新真实（newreal），更准确地说，是一种超真实（hyperreal）。超真实意味着一种真实事物的提升、经验生活的提升，事物形象复活而本质消失，最终形成了一个没有真实源头的世界。

迪士尼乐园是鲍德里亚举出的经典的拟真模型：被围墙圈起来的奇幻世界，将海盗、城堡、边疆、未来世界这种存在于不同时间和地域中的景观压缩在一个平面世界当中,取消了历史感和空间维度。这个经典的现代景观被看作美国价值的"缩影和连环画",一般认为,它是对真实的变形,但鲍德里亚的批判视野并不止于这个层次。

他认为,迪士尼的模型作用,并不是掩盖和改变了真实的性质(拟像的第二阶段),而是处于拟像的第三阶段——掩盖了真实的缺失。"迪士尼被看作一种意象,是为了使我们相信美国才是真实的,实际上,环绕着迪士尼的洛杉矶和美国,都不是真实的,所有这些都是超真实和拟像的秩序。"(Baudrillard, 1994:12)

也就是说,迪士尼以其被意识到的"假",反衬出迪士尼以外的资本世界的"真",恢复了人们关于真实的幻觉,而实际上资本世界已处于一种失真的超真实中。木乃伊陈列在博物馆中,把整个线性积累的文明扁平化地展演在眼前;战争不是通过正在发动来衡量,而是通过电子和信息模型的推测来衡量;城市作为大型的电影制片厂,有着"无穷的脚本和永恒的动画"(Baudrillard, 1994:13)。而已经被意识到是模型的迪士尼,是一个想象再生的空间,一个人们梦想、幻想、历史、神话等超真实文明的废弃物的处理厂。

超真实的重要特征似可概括为否定性的消失。也即,真实是有对立物的,但超真实作为对真实的超越(僭越),能够将一切否定性纳入内在循环,使否定性成为自身合法性的确证,从而获得无法被拒斥的包裹一切的力量。和迪士尼一样,美国水门事件也被鲍德里亚看作一种拟像,用想象的效应遮盖某个现实,用否定性的事件反证资本秩序及其政治装置的合法性,再一次说明"真实既不存在于人工作品的外部,也不存在于它的内部"(Baudrillard, 1994:14)。

发生在20世纪70年代的水门事件,到现在为止仍是政治丑闻的代名词。1972年的总统大选中,为了取得民主党内部竞选策略的情报,以美国共和党尼克松竞选班子的首席安全问题顾问为首的一群人,潜入了位于华盛顿水门大厦的民主党全国委员会办公室,在安装窃听器、偷拍文件时,被当场发现。由于此事,尼克松于1974年8月8日宣布将于次日辞职,成为美国历史上首位因丑闻而辞职的总统。在两年的政治拉锯中,《华盛顿邮报》的两位记者对整个事件进行了一系列的跟踪报道,正是由于他们报道的内幕消息,揭露了白宫与水门事件之间的联系,他们因而被视作使民主秩序和社会正义回归正轨的关键性角色。

而站在拟真和超真实的视角上,鲍德里亚却要"不惜一切代价说出":水门事件根本就不是丑闻。水门事件与迪士尼乐园有着同样的剧情,迪士尼以自身之假反向建构了人们对所谓真实世界的认同,水门事件则以"丑闻"的角色,反向固化了资本秩序。也就是说,水门事件通过人们的愤怒和谴责产生了重建公共道德的假象,使人们觉得民主正义在解决了水门事件这样的丑闻之后就复归了,而真相是,水门事件就是资本秩序为了再生而模拟的丑闻。

再一次,超真实完美取消了"真实—表征"社会中的否定性、反抗性力量,将揭露水门事件真相这样的"反抗",这类在资本社会中被看作改变历史的英雄之举,转化为巧妙建构自身的重要力量:

> 资本对我们的全部要求在于承认它是合理的,或者以理性之名与之抗争;要求我们承认它是道德的,或者以道德之名

与之战斗。因为这两者是一致的,这也意味着它们能够以另一种方式来阅读:从前的任务是掩饰丑闻,今天的任务是掩饰没有丑闻的事实。(Baudrillard,1994:15)

这暗含的意思是,超真实是不能被打败的,对它的反抗进入了莫比乌斯环一样的螺旋的否定中。越是看清这个现状,晚期的鲍德里亚就越是痛苦,"我们不再与异化的幽灵而是与超真实的幽灵作斗争,我们不再与我们的影子而是与我们的透明作斗争",传统的否定性批判显然不再起作用。所以,"批评思想必须自己变成极端现象,必须抛弃所有批评的意图、所有对辩证法的幻觉、所有理性的期望,它必须俨如世界进入荒谬的、讽刺的和极点的阶段。必须比现实更加超现实,比虚拟的现实更加虚拟"(转引自张一兵,2008)。

第二节　比较视野下的媒介批判理论

一、何谓"媒介"

以拟像和拟真为主要特征,鲍德里亚形成了他对媒介的定义。因为他拒斥政治经济学语言,拒斥传统哲学的概念推演方式,所以他的"媒介"更适合在比较视野中获得轮廓。

媒介理论是处于传播学、哲学、社会学、信息相关科学交叉点的理论,伴随近代以来传媒业的兴起而演进,从报纸文化、电视文化、数字文化切入,进行现代性批判。经典媒介理论包括加拿大经济学家、传播学者哈罗德·英尼斯（Harold Innis）的"传播偏移论"，犹太裔美国著名战略学者布热津斯基（Zbigniew Brzezinski）的"媒介决定论"，《娱乐至死》的作者尼尔·波兹曼（Neil Postman）的"媒介技术批判理论"，等等。当然，这些理论都与世界公认的媒介理论代表性人物——或者说定义了"媒介理论"的加拿大学者——麦克卢汉息息相关，如英尼斯是麦克卢汉的老师，波兹曼深化了麦克卢汉的"媒介即讯息"理论。

从《象征交换与死亡》时期起就可以看到，鲍德里亚深受麦克卢汉影响。作为习惯对现代理论有着恐怖分子式爆破性批判思维的学者，他对麦克卢汉的理论有难得的低警惕性，很多讨论会自然以麦克卢汉的概念为前提。但这并不意味着，鲍德里亚是麦克卢汉意义上的媒介理论学者，他本人也拒斥"法国的麦克卢汉"这一名号。相反，其媒介批判理论恰恰有超越麦克卢汉问题域的穿透力，有着更复杂和坚韧的哲学根系。也由此，在比较视野中看鲍德里亚的媒介概念，还应该引入哲学意义上批判理论的对照者。

在《拟像与拟真》一书中，鲍德里亚开篇未久，就批判了福柯的"全景敞视监狱"（panoption）理论和德波的"景观社会"式思维。这是他反向形成自身媒介定义的方法。

"全景敞视监狱"理论是福柯在20世纪70年代出版的名作《规训与惩罚：监狱的诞生》中提出的，是福柯权力理论的核心部分，指明权力对知识的占有以及知识如何"批准权力的行使，并使其合法化"（丹纳赫，斯奇拉托，韦伯，2002：127）。这个理论继承了边沁提出的"环形监狱"理论，认为社会由监听装置建构起来，不再由传统的主权权力模式来发挥功能，而是通过社会运行中的微观权力来对主体进行规训：

> 四周是一个环形建筑；中央有一座瞭望塔；瞭望塔装有宽
> 大的窗户，对着环形建筑；环形建筑被分为许多小囚室，每一
> 个小囚室都贯穿了建筑的横切面；它们都有两扇窗户，一扇朝
> 里，对着塔的窗户；另一扇朝外，能使光线从囚室的一端照到
> 另一端……通过逆光的效果，只要站在光源相反的角度，人就
> 可以从瞭望塔上观察到在囚室中被拘禁的那些渺小的身影。
> （福柯，2003：224）

此系统的高明之处在于瞭望塔中只需要一个人，仅仅通过注
视就可以监控分布在小囚室中的所有犯人。即使瞭望塔里有时没
有一个具体的人，存在和注视意图的存在，也会使犯人将"始终有
双眼睛盯着我"的压力施加于自身，从而形成一种自我监视的规
训。可以说，瞭望塔里的眼睛既是权力的符号，同时也是知识和真
理的符号，二者合一使得这种规训有了正当性和隐蔽性。将全景
敞视监狱的批判模型延伸到对媒介的认知上，自然会形成媒介（以
电视为代表）是镜像式、看管式、"老大哥"式的判断。

针对这一理论视野，在《拟像与拟真》中鲍德里亚用专章"全景
敞视监狱的终结"来反驳之。其反驳立足于拟像逻辑：福柯的权力
规训是外在的，不管是传统的权力还是福柯意义上的微观权力，
"规训"都表达了一个外在力量与主体相交的过程，是一种投注于
人的外在权力（知识）驯化。这种外在性和主体的确定性，仍然表
达着"本质与表征""现实与反映"之间的二元性，表达了一种文艺

复兴时代,也即处于拟像的第一等级时的状态:

> 电视之眼再也不是某种绝对凝视的来源,而且,理想性的控制不是透明性的来源——那还是预设着一个客观性的空间(就像文艺复兴时代的那种空间),以及某种全方位的、专制的凝视。全景敞视监狱即使不是一个囚禁性的系统,至少也是一个指涉性的系统。可能很精妙,但总是外在的,其所立足的,还是看与被看的二重对立。即使那个作为中心点的瞭望塔瞎了也一样。(Baudrillard,1994:29)

但现在,拟像进入了拟真阶段,没有指涉物的代码互相指涉而不再表征任何本质,社会处于一种综合量化的状态中。以电视为代表的媒介,不是"真实的转译",而是"将生活融化于电视,将电视融化于生活";整个资本社会,如同镜头中的真人秀家庭,不是遭遇到媒介权力的外在暴力,而是处于与媒介一体化的超真实中。就像《符号政治经济学批判》一书所敏锐捕捉到的艺术品拍卖的例子一样,鲍德里亚在这里敏锐捕捉到了刚刚出现的电视真人秀,并以当时知名的"罗德家庭"电视秀为例来抽丝剥茧。

罗德家是加利福尼亚典型的美式中产阶级家庭。1971年,美国电视节目以它为实验对象进行了长达7个月的真人秀拍摄,将一种"生肉一般的真实"放置在全美观众面前,形成了一个在鲍德里亚意义上可以与首次登月相提并论的媒介事件。这件事的吊诡之处在于,在千万美国观众面前,好像镜头并不存在,用制片人的话说就是"好像我们不存在一样"。也即,媒介(摄像机)与拍摄对象之间、媒介(电视)与观众之间透视的空间与深度的视野消失了，产生了一种过度的透明、一种非真非假的状态：

> "仿佛我们不在那里"与"仿佛你在那里"是一样的。正是这个(非真非假)的乌托邦，这个悖论，吸引了两千万观众。这种魔力，超过了侵犯别人隐私所带来的那种变态的快感。这种"如同生命般逼真"的经验，不在于所谓变态的快感，而在于一种真实的战栗、一种超真实的美学、一种假性的精确、一种远距离下的共时性、一种场景的扭曲、一种过度的透明。(Baudrillard，1994:28)

在此，因现实与表象之间、主体与客体之间的距离感而产生的意义，显得多余了，符号已经侵吞了意义产生需要的空间，拟真使真实进入了超真实之境。因此，和全景敞视监狱视野下的媒介不同，"我们被注定的命运，不是媒体模型的侵略、压力、暴力或者勒索"——外在的，"而是它们的诱导、渗透以及没有条理的暴力"(Baudrillard，1994:30)——拟真的，不分内外的。

媒介不再是全景敞视监狱中用以"瞭望"各个囚室的工具，同样，也不是景观社会里那种垄断表象的东西。景观社会和情境主义的视角虽然从马克思时代"商品堆积的社会"迈入"景观堆积的社会"，指出了现代资本主义以媒介影像为中介的人与人的关系，但在鲍德里亚意义上，这仍然是一种有"真"的异化批判，只不过由对劳动的异化、生产社会中的异化的批判，进入媒介异化的批判。"我们再也不是处于情境主义者认为的景观社会中，也不处于任何它指出的那种异化与压抑里。媒体自身再也不是这样被认识的,麦克卢汉媒介即讯息的结论是这个时代的首要公式"(Baudrillard,1994:30),再也没有一个纯粹的媒介,它已经与对象合为一体,混合、碎裂在真实之内。

在这里,鲍德里亚将德波对资本主义新动态的批判,转换为一种更为抽象的、彻底的思辨。既然"麦克卢汉媒介即讯息的结论是这个时代的首要公式",那么这个公式的哲学内涵是什么,鲍德里亚的媒介理论又在这个结论上得出了什么呢?

麦克卢汉 20 世纪 50 年代在《理解媒介》中提出了著名的"媒介即讯息"命题。这是以他界定的"电力媒介"(包括因电子电能技术而产生的各种传输、动力、通信、传播媒介)为前提的,着眼点包含以下几处:速度(空前的,取消时间和空间的决定性)、整体性(内容内在于介质)和内爆(内部压缩、有机联通)。

媒介即讯息至少包含着两重含义。第一层含义是,在电力媒介时代,传播速度带来了知觉的整合,序列性让位于同步性,功能的分割、内容和介质的分割被结构和整体取代,对专门片段的注意转移到了对整体场的注意:

> 在电的速度和整体场出现之前,媒介即讯息这一现象并不显著。那时的讯息似乎是其"内容",因为人们总爱问,一幅画表现的是什么内容。然而,人们从来不想问,音乐的旋律表现的是什么内容;也不会问,房子和衣服表现的是什么内容。看待这样的东西时,人们保留着整体的模式感,保留着形式和功能是一个统一体的感觉。但是,进入电力时代以后,结构和

外形这个基本观念已经变得非常盛行,以至于教育理论也接过了这个观念。(麦克卢汉,2019:24)

第二层含义是,媒介(形式)本身塑造社会的作用要远远超越其所展现的具体信息(内容),关键是前者被引入人类社会后带来的尺度变化、速度变化或者模式变化。比如,铁路作为电力时代媒介的作用,是创造新型的城市、新型的工作和新型的闲暇,"无论铁路是在热带还是在北方寒冷的环境中运转,都发生了这样的变化。这样的变化与铁路媒介所运输的货物或内容是毫无关系的"(麦克卢汉,2019:18)。再比如,由于自动化这一媒介的诞生,机械生产时代功能分割和专业分工逐渐消弭,生产形成一个有机的整体,"如果从机器如何改变人际关系和人与自身的关系来看,无论机器生产的是玉米片还是凯迪拉克高级轿车,那都是无关紧要的"(麦克卢汉,2019:18)。

可以看到,"媒介"在麦克卢汉意义上不仅仅指狭义的媒介,而是广泛的人类社会发展过程中的诸多技术与中介工具,从他着重论述工业革命以来媒介给人类社会带来的结构性变迁上,可以将他的媒介更精确地界定为"技术媒介"。从来源的角度看,媒介是人的各种感官的延伸,通过将某一感官的功能放大或对该感官的功能进行虚拟,使该感官的功能得到强化。从结果的角度看,技术所带来的延伸将某一种感知方式从原有的系统中剥离出来,由此打破了人们旧有的认知习惯与生存方式,塑造着新的社会结构和人际组合,因此媒介的威力恰恰在其自身(技术性)而不是它的内容。

鲍德里亚非常认同麦克卢汉媒介之外无他物的逻辑起点,一定程度上认同媒介的技术性特征。比如他强调:"真相再也不是镜子中的反射,也不是全景敞视监狱,或者凝视对应的透视型真相,真相是用来质询与发声的测验,是操纵性的真相。它们是触动与穿刺的镭射光、保留住你喜爱场景的电脑卡、控制你分子结合的基因密码,以及传送你感官宇宙的细胞。"(Baudrillard,1994:30)这等同于说,内容是内在于介质的,介质的规定性才是先决条件。我们总是在一个中介的世界中,无时无刻不身处一个媒介建构的价值观、等级制和意识形态的世界。媒介更多的是通过它们的形式而非它们所传递的内容来塑造世界。

但比麦克卢汉更进一步的是,鲍德里亚不仅仅认为内容内在于介质,更认为真实与介质是一体化的。或者说,他不认为有独立的内容和介质之分,真相的性质不再建立在主动与被动、主体与客体、结果与手段的二分上,而是彰显在一个压平深度的拟像结构中。鲍德里亚认为,DNA 的双螺旋结构可以类比媒介,在这里,主体与客体、原因与结果之间没有前现代的距离,而是像双螺旋线一样扭缠在一起。在这个分子控制的过程中,"再也没有所谓的效应、能量、决定性、信息发挥作用的方式。'命令、信号、脉冲、信息',这些使我们了解事物的东西,现在靠着类比、铭刻、解码,在某个我们根本一无所知的维度中或者说第四维空间中,再次转译出来"(Baudrillard,1994:31)。

或者可以这样定义鲍德里亚的"媒介":它是计算机、信息网络、自动化控制系统等构成的代码和模型的世界,是符号生产的系统性工具,以双螺旋结构代码的模型调控生活,在此基础上,拟真时代来临,超真实的世界形成。线性的时间和历史消失了,主客体间的距离消失了,模型中发生了"中心点的爆破"即内爆,打碎了真实与表征,打碎了意义,让超真实形成了水晶球般包裹性的世界。

二、媒介的内爆

内爆概念同样因麦克卢汉而知名。

从"媒介即讯息"命题可以感受到,麦克卢汉意义上的媒介的关键特征是结构性与整体性,越是靠近电力媒介的时代,这种整体性就越凸显。当电力媒介的整体性裹挟了整个世界,整个星球缩小为一个单一社区,地球村(global village)就此形成。在时间维度上,地球村实现了一种共时性;在空间上,人们被卷入村落生活的凝聚形态,生活在一种现代独有的压缩空间中。人类由此发生了从个人主义和碎片化向集体认同的转移。

麦克卢汉(2019:6)认为:"由于电力使地球缩小,我们这个地球只不过是一个小小的村落。一切社会功能和政治功能都结合起来,以电的速度产生内爆,这就使人的责任意识大大提高。"人类自工业社会以来爆炸性、扩张性的趋势正在发生逆转,"机械形式转向瞬息万里的电力形式,这种加速度使外向爆炸逆转为内向爆炸。在当前的电力时代里,世界因内爆(或曰紧缩)而产生的能量,与过去扩张的、传统的组织模式发生了冲突"(麦克卢汉,2019:54)。

可以这样说,人们在"人口爆炸"和"知识爆炸"的观感中度过了工业社会,现在由外向扩张变为了一种内向拥挤,由从中心向边缘扩展的单向模式变为整体性之下非集中、多中心的模式。通过电力媒介超强的连接性和同步性,人们的生活最终纠缠在了一起,形成了一种内爆。这个景象如此熟悉,如果麦克卢汉生活在互联网时代,也许他根本不用生造"电力媒介"这样的概念。或者说,他其实预测了互联网的出现。

鲍德里亚媒介的定义、媒介内爆的归宿,显然受到了麦克卢汉的影响——无论是从媒介之外无他物的理论出发点来讲,还是从内爆这一最终归宿角度来讲。但鲍德里亚所说的媒介内爆,并不是一种麦克卢汉历史先知式的预判,相反,正是历史本身消失的集中体现,或者说,是"历史"失去其指涉物的集中体现;并不是一个物理性的时空压缩效果,而是一个对"存在"和"真实"的化学式爆破。

也就是说,媒介将社会的各个界限通通摧毁,整个社会的层次感消失了,所有的观念、价值都将在同一个层面被呈现在人们共同的视野中,超量的呈现造成了无从选择和价值的混乱。内爆最终成为社会内部的破坏力和颠覆力,意义和价值在内爆为平面的社会中被摧毁。鲍德里亚分析,大众在这种环境下会对信息产生麻木的沉默,在某种意义上成为媒介内爆的产物。

观念和价值的爆破只是因果关系、主客体关系爆破的外显。如鲍德里亚在《拟像与拟真》中明确强调的,在媒介的运动里,再也没有两极的区分、开始与结束的区分,有的是此者与彼者的压缩、套叠,两个传统轴线的互相扎入。正是在这个意义上,出现了内爆。内爆所爆破的,是传统的因果关系,是不同的决定论模式,是内在与外在、正面效应与负面效应。也因此,内爆是一种意义的爆炸,拟像和超真实正是由此生发:

还是一样,没有什么东西是偶然的。而且,从在诸世纪之前就已经开始、现在已进入加速期、人们相信朝向一种爆破性革命的社会化进程，现在已经被转为内翻的、内爆的、无可逆转的进程。在这种内爆中，一切所谓的机会性、偶然性、跨越性、终结性、矛盾性、破裂性、复杂性这类常见的阻碍，最终都不过落入透明的信息描述机制。(Baudrillard，1994：35)

综合来看，似可将鲍德里亚和麦克卢汉内爆概念的主要不同归结为两个方面。

首先，麦克卢汉总的来讲遵循政治经济学的历史观，甚至因此怀有一种技术乐观主义态度。"对他来说，电力媒介引起了普遍化的星际交流，通过新技术对智力的影响，引导我们超越原子理性的古登堡星系，走向全球村，走向新电子部落制度——信息和交流的高度透明性。"(鲍德里亚，2005：214)与之完全不同，鲍德里亚对媒介及媒介内爆的分析是以颠覆政治经济学及其背后的生产史观为前提的，生产、工业、技术、价值规律等历史性的实证术语在麦克卢汉那里的意义是偏积极的，或者说，已被默认为讨论的前提，但出现在鲍德里亚的文本中时，都近乎一种反讽。"科技的精准操作充当为社会的精准操作模型"(Baudrillard，1994：35)，无现实指涉物的符号，或者说没有本体的代码互相意指，形成拟像，拟像与拟像互相意指形成结构性的拟真，包裹和主宰整个社会，终止了任何革命的可能，只能转向内爆的悲剧结局。

鲍德里亚以越战为例分析这种革命性、历史性的消失。越南战争长达 20 年，早期美国本土掀起无数反战高潮，时间、惨烈程度和国内抗议更反衬出美国政府要赢得战争的决心。但当 1975 年这场战争以美国战败结束时(美国有史以来最大的败绩)，美国境内竟然没有出现任何战后效应。为什么一个如此漫长惨烈的战争，仿佛为魔法所摄一样，在一天之内消失得无影无踪？因为越战使中国进入了"和平共存的疆域"，进入了"世界共同体"，从一个外在于资本社会的反对者、外在于帝国主义的革命力量，进入了资本社会内部，从而终结了一种对资本社会进行传统外在革命的可能。而这，"就是在越南战争中的真正危机，这也就是何以美国退出越南，但却赢了那场战争的原因"（鲍德里亚，1998：80）。

越战被鲍德里亚看作一个历史消失的临界点，或者说，是从真实进入超真实的临界点，因为附着在中国身上的革命可能性消失了，资本社会模型吞并了所有反对者和偶然性，历史止于此处，世界只剩下内爆的可能。内爆不是麦克卢汉意义上的由扩张到聚缩的历史逆转进程，而是历史终止的标识。

另外一个不同在于，麦克卢汉以主客体的二分为默认前提。把媒介定义为人的延伸，本身就意味着其出发点总是个人（主体），主体是媒介理论的逻辑起点。技术媒介延伸却又超越了人的感官，让人的精神转移到头颅之外，神经转移到肌肤之外，人只能在电力媒介面前绝对恭顺、沉思默想。本质说来，媒介问题在麦克卢汉那里是另一种异化问题，只不过程度和形式大大不同了：

> 人曾经以高度的忠诚伺候他的柳条船、独木舟、印刷术以及其他一切人体器官的延伸。他现在要以同样准确的伺服机制去为自己的电力技术服务。但是这里有一种差别：过去的技术是不完整的、支离破碎的，而电力技术却是完整的、无所不包的。（麦克卢汉，2019：81）

之所以麦克卢汉看到技术媒体产生的内爆却始终怀有乐观，甚至将地球村描写为中性而有和谐感的，正因为他相信主体的反思和主体性的强化可以牵制内爆的效应。麦克卢汉最终强调，事实上有一样东西比电子媒介的速度还快，那就是思考。他敦促人类提前思考："控制变革不仅使人与变革同步前进，而且使人走在变革前面。预见力赋予人转移和控制力量的能力。"（麦克卢汉，2019:245—246）面对内爆，要让我们的思考领先于即将到来的变化，在造成最大震荡的革新中还能够向持久目标前进，这就是麦克卢汉告诉我们的出路。

相反，对于鲍德里亚而言，内爆是终结一切出路的唯一结局，这是一种无法抗争的绝望。因为内爆的关键特征就是爆破掉主客二分的状态，使主体消失，使主体性原则消失。如果说传统资本主义工业生产方式中还存在着主体与客体关系的异化，人们还知道一种根本的生存性断裂，他们由此可以有针对性地进行反抗和革命；拟真时代却完全不同，它彻底将主体打碎，由是也将自"我思故我在"以来就确立下来的"真"的原则打碎，消除了真实与表征、真实与假象之间的距离。即使资本社会仍然显示出一些病灶和症候，但这种病症却和水门事件一样，是一种拟真，是为了保证资本秩序的优化而专门调制出来的批判性和反对性。因此，在鲍德里亚看来，麦克卢汉虽然已经是媒介批判者中最清醒的人之一了，但也只停留在拟像三等级中由第二等级（生产）向第三等级（拟真）过渡的阶段。

拟真世界的内爆式统治，取代了传统的权力，形成了一种不能被抵抗的另类的暴力。不但大众无法与之对抗，甚至连"大众"本身都是内爆产生的。"它们是社会性的内爆。大众是个与日俱增的浓稠场域,在它之内,社会被内爆开来,它在某个不受打扰的拟像过程中被吞吃殆尽。"(鲍德里亚,1998:140—141)在无本体的代码的自我复制和无限增殖中,大众作为社会性的内爆结果出现了,最终成为一种拟真的民意和潮流。可以看到,在鲍德里亚的内爆中,不但人无法像麦克卢汉所描述的那样以主体性反拨内爆效应,甚至主体本身都是内爆产生的拟像。

可以这样总结,麦克卢汉的内爆概念处于政治经济学的场域内,而鲍德里亚的内爆有着强烈的结构主义语言学色彩,是语言之外无他物原则在媒介批判上的展开;麦克卢汉遵从真实与表征、主体与客体的二分规则,鲍德里亚却颠覆了这种真实性原则,认为真实与表征已经压平为超真实的世界。因此麦克卢汉并不以讨论"何为真"为理论目标,他想获得的,是对新媒介下新时空的理论概述。鲍德里亚则是寻找政治经济学以外的空间,寻求生产史观之外的历史,最终形成了一个以媒介为依托的超真实的世界观构架。

第三节　媒介批判的理论旨归:主体性建构

很明显,鲍德里亚认为某种潜在的关系结构始终先在于媒体内容,这也就是中立的媒介或者仅仅作为形式的媒介根本不存在的原因,因为所有的媒介不过都是符号秩序本身。那些看上去来自现实的东西,实际上已自成体系,构成了一个封闭而又包孕一切的符号结构。在《符号政治经济学批判》时期,鲍德里亚就试图以结构主义语言学改造政治经济学,留下了"符号/价值"这样带着一种理论挣扎感的概念;而晚期的媒介研究,则让他彻底找到了语言结构主义思路的用武之地。面对化约为信息流和数据流的当代社会,拟真与内爆从结构主义语言学角度提供了一种完整的解释,而且指向了一个后现代主义理论和西方马克思主义理论都有的重要旨归:主体消失,主体性的陷落。

一、结构对主体的消解

真理/真实(truth)与主体在西方哲学中始终是一致的,尤其在笛卡尔提出"我思故我在"命题之后;"我思故我在"一方面彻底确立了主客二分的认识论模式,一方面使"我的存在"与"世界的存在(上帝的存在)"全部一体化。笛卡尔认为,我在思想这一事实是可靠的,所以,我的存在这一事实的可靠性可以由我在思想这一事实来保证。他进而将直觉和演绎确定为人类理性唯一合理的选择、获得一切真知识的唯一正确的方法,将其看成认识论的核心环节。

在得出"我思故我在"后,笛卡尔论证了"上帝存在"。凡我能清楚地思想的东西是存在的,因为我能思想到一个全知全能的上帝的观念,而我的思想自身是不完满的(因为我还会怀疑,怀疑就意味着不完满),所以这个完满的观念不是我的思想自身具有的,而是由外来的比我的思想更完满的东西给予我的;拥有最完满的观念的东西,我们称之为上帝。

笛卡尔引领了近代哲学的认识论转向,确立了一切确定性知识的逻辑起点,尤为重要的是开启了以主客二分思维认识世界的基本模式,确立了认识论中的主体性原则。随后,经验论和唯理论虽然各持经验和演绎方法,但都认可理性主体在认识当中的作用,理性主体在把握现实、真实当中的主导性。在认识论语境中,主体的规定性和与其相关的理性原则逐渐确立。

然而,主体的无可争议、主客二分的认识模式,在语言哲学转向中受到了彻底冲击。众所周知,索绪尔从"语言"角度重新建立了世界观,他否定了语言是事物的命名这种传统的认识论看法,而将语言看作一个具有差异性和自足性的符号系统。其最具颠覆性的革命,是普及了这样的概念:语言符号连接的不是事物与名称,而是概念与声音形式。作为语言的构件,表达声音图像的"能指"和表达概念的"所指"之间的意指关系是任意的,语言系统中包括价值、意义在内的一切都取决于符号间彼此差异的运行原则。索绪尔(2019:160)非常明确地指出:"语言既是一个符号系统,它的各项要素都有连带关系,而且其中每项要素的价值都只是因为有其他各项要素同时存在的结果。"所以,虽然他本人从未用过"结构"这个概念,但符号差异性关系在先的设定,已经事实上将现实从系统中剔除出去了,提供了主体离场的可能。

索绪尔语言学中未有名状的"结构",在 20 世纪六七十年代由其掀起的结构主义思潮中,被后续的结构主义学者强化并固化下来。如果说索绪尔的语言系统具有某种动态性,结构主义语言学则将语言的内在关系固定化、静态化,将一个稳定自足的结构作为先在于一切的出发点。"结构语言学说的是这样一系列的研究,其预设前提是:把语言描写成本质上具有内部依附关系的独立统一体即一个结构。"(本韦尼斯特,2008:181)结构决定了一切,这即预示着主体的没落。

比如，列维-斯特劳斯（Levi-Strauss）就认为，必须拒斥以"我思"为出发点的传统主体哲学，以追求像自然科学那样的精确化和客观性。在这一点上，结构的发现满足了他这一愿望，为他的人类学提供了新秩序。他甚至认为，社会现象与语言现象都产生于一种统一的"秩序"，这就是由结构概念的同一性而来的统一的结构，一切社会现实包括主体都是结构的派生物。在此，语言结构先于现实世界的思路逐渐形成，语言之外无他物的思潮逐渐壮大。在语言中心主义的方法论思潮与结构主义拒斥"我思"的离心力中，主体的地位由摇摇欲坠到最终被取消。

在结构主义语言学家中，罗兰·巴特的理论，尤其是巴特对物的符号意义的分析理论，对鲍德里亚产生了最为深远的影响。概言之，他认为对"物"的研究有两种阐述模式，一种是政治经济学式的，以商品和劳动视角界定物品，内在本质是抽象的人类劳动，彼此关系是价值交换。这个物品（商品）是资本社会经济运行的中心范畴，以此为出发点，可以展开经济基础与政治、法律、道德、意识形态等上层建筑的关系分析，展开对资本社会的政治经济学批判模式。另一种就是结构主义语言学的模式，以符号视角界定物品，以能指和所指间的意指关系界定物，物品的实用性功能，或者说现实性的一面被取消和弱化，物品的符号性功能被强化。文化符号的垄断和特权在批判当代资本主义上特别有穿透力，这已经在鲍德里亚的符号政治经济学中展现出来了。

罗兰·巴特同样是反主体、反笛卡尔主义潮流中的一员，曾以《作者已死》这样的文学批评来表达主体的消失。在什么意义上作者是死亡的? 巴特指出,作者说话的原因是被多重决定的,所以作为一个整体的原因永远是缺席的,作者被去中心化。而且,文本是一个多维空间,由无数语言构成,不存在原始的文本,"一个文本是由多种写作构成的,这种写作源自多种文化并相互对话、相互滑稽模仿和相互争执;但是,这种多重性却汇聚一处,这一处不是人们至今所说的作者,而是读者:读者是构成所有引证部分得以驻足的空间"(巴特,2005:307)。因此,一个文本的整体性只能在读者(目的性)那里,而不能在作者(起因)那里。最重要的是,这种目的性不再是个人的,是无历史、无生平、无心理的,主体在此消失(死亡)了。

鲍德里亚身处反主体的哲学思潮之中。无历史、无生平、无心理,也可以形容鲍德里亚意义上的拟像与超真实世界。在媒介观上,无论是麦克卢汉的技术乐观主义,还是恩泽斯伯格"多少是意识形态的"乐观主义,无论是媒介操控论还是媒介是新生产力论,都不同程度地认为媒介有"表现意志和公众意见的体系"特征,一个统计学的、以信息为基础的、模拟的操作体系只是投射在前者之上。只要,哪怕极少程度地承认这二者的交融性,其实也是在肯定人的欲望、意志或情感的存在。但鲍德里亚(2005:218)的结构主义语言学逻辑,使他彻底切割了这两者,宣称:"我们既不同意那些赞颂媒介有用性的人的观点,也不同意那些对操控大喊大叫的人的观点,原因很简单,因为在意义体系和模拟体系之间没有任何关系。"

意义体系必须是主体在场的,而拟真体系是主体陷落的。古希腊哲学意义上的伦理主体,叔本华(Arthur Schopenhauer)意义上的意志主体,拉康意义上的欲望主体,在拟像和拟真当中都不再存在。广告、宣传、民意测验由结构性符号组成,符号间的彼此关系形成了完整的自足性，不再可能是任何意志或意见的异化，因为它们并不在意志和表现的时空当中。而且，塑造主体性的欲望、选择、意见、意志，在信息过量中都处于一种非确定性当中，屈从于民意测验、信息、统计学。人无法将自身的本质从媒介中剥离出来，因为已经无法将所谓的"现实"与媒介的统计和模拟分离开来。

"我们甚至不再被异化，因为要想被异化，主体必须能够在自身中被分解，并矛盾地面对他者。现在，并不存在他者，也不存在他者的场景，就像政治和社会的场景一样，他者的场景已经消失了。不管他或她是怎样想的，每个个体都被迫置于统计学的一致性中。"（鲍德里亚，2005：220）鲜明的、自给自足的结构性，"制造"而不是"传递"信息，将主体吸收进透明的"一致性"中，吸收进代码组成的信息流当中，这就是媒介的现实。

因此，"以主体哲学的传统范畴——意志、表现、机会、自由、思考、知识、欲望——来分析大众以及整个信息领域，存在着而且总将存在着根本的困难"（鲍德里亚，2005：226）。鲍德里亚认为，在主体哲学中，你应该认识你自己，你应该知道什么是你的意志和欲望，这些是默认的正常前提。但媒介已经使主体碎裂在自身之中，剥夺了任何处置人的身体、欲望、机会和自由的权力。将媒介的屏幕看作异化的镜像，这是一种（想象的）主体的生产方式，而今天，媒介的屏幕已成为一种消失方式，主客体不是在媒介之镜上留像，而是与媒介一起被压制成了一块"无法穿透和毫无意义的平面"（鲍德里亚，2005：225）。甚至，连消失自身也是媒介的策略，已经无主体，"消失"只是一种拟像企图掩盖自身的话语策略。

从这里可以看到，为何伴随鲍德里亚媒介批判的，势必是历史、时间性的消失。主体是在时间中展开的，在时间的作用下，人成为有自由感和历史感的个人；反过来说，因为主体性的存在，既改造外部世界，也改造主体本身，历史才能生成。也可以说，历史本来就是和主体性共生的。所以，主体被打碎、被吸收，历史也就失去了其延展性，在媒介的共时性与透明性当中被压缩为一个平面。这就是鲍德里亚惊奇于人们居然不惊奇木乃伊的存在，因为在他看来，博物馆的木乃伊把整个线性文明史同时呈现在观者眼前，就是一种超真实的具象。这也是他觉得越战的结果是历史终结的原因——一种资本社会的模板已经包覆了世界，取消了外在革命的可能。

结构主义语言学的思维方式明显深深嵌入在了鲍德里亚的学术理路中。符号政治经济学是他以结构主义语言学改造马克思主义政治经济学的结果，而晚期的媒介理论则是对结构主义语言学的充分应用。建立在数字化与信息流之上的社会，结构符号的历时性拼接形成了知识与认识（利奥塔尔，2011：76），鲍德里亚所做的事情，是以一种极端化的方式将这种现实定义为"超真实"，以断言真实消失发出了主体陷落的尖锐警告。

二、"为何一切尚未消失"

"我们来谈谈人已然从中消失的世界。"2007年，在鲍德里亚生前的最后一篇论文当中，他从这句话开始详述媒介包裹中主体性的挣扎。

这里使用了"消失"一词，而不是枯竭、消亡、灭绝。资源的枯竭和物种的消亡，都是自然现象或者物理过程，而消失则用以形容主体被媒介驱逐和虚化的状态。"真实"的概念在现代出现，伴随主客二分的认识论哲学而来,也就是说,当主体对世界着手分析、改造时,一个对象性的真实世界相伴而生。当虚拟时代、网络时代已然降临,人的意识、意志、自由碎裂在流动的代码中,无处不在但其实无处不多余,主体与真实就同时处于不确定性当中,或者说,主体消失在了超真实当中。

图像与摄影的演变具有代表性。胶片时代,摄影极其具象化地展现了主体(摄影者)与客体(拍摄物)之间的传统关系,主体赋予客体意义感,照片形成对对象的表征,这是主体在场、真实确证的认识论哲学场景。但随着数字技术与虚拟技术对"真"的无限追求,人类物极必反,最终让位于一个将其排除在外的人造世界:因为可以用数字建构图像,所以摄影行为凸显主客体关系的独特瞬间被终结了;因为数字图像可以直接出自屏幕、随意删除重构,所以照片作为一个平行的表征世界的可能性消失了,所有图像形成了整体数据流,除此之外再无他物。

这里涉及两个层次。一个层次是,图像取代了物本身、客体本身,单一图像表征单一客体的关系不复存在,已经没有图像是单一的,图像就是整体的数据流,或者说,是整体的代码结构关系中的超真实。另一个层次是,摄影所隐喻的主体对客体最后的实时在场不复存在,当有底片的照片同大量图片混为一谈时,(主体的)思维也和大量计算混为一谈。没有真实,没有他者,没有客体,主体性变成了一种漂浮的影子:

　　　　主体——作为意志、自由、表征之决策体的主体和权力、知识、历史的主体——已经消失,留下了他的幽灵和他那自恋的复本。他的消失是为了一种模糊的、漂浮而无实质可言的主体性,这种主体性有名无实,包裹着一切,将其变成一种巨大的反射平面,反射空泛的、脱离现实的意识……这便是世界终结之时主体性的形象,真正的主体已经从中消失,不再为任何事物所纠缠。(鲍德里亚,2017:70—71)

在鲍德里亚那里,主体被媒介打碎和驱逐的进程,与全球范围内霸权吞噬革命性的进程是一致的。遭遇数字化的相同命运正等待着整个精神世界及一切与思维相关的领域,只要将上述图像的演变逻辑扩大一下,就可以看到代码中的资本社会是如何吞噬一切的:

> 由于 0/1 这种属于积分计算的软件建构,语言和思维的所有象征式联结都消失了。很快便不再有发生光学反应的感光面,不再有幻想和真实之间的思维悬念,不再有间歇、沉默和矛盾,而只有连续不断的数据流和单一的集成电路。(鲍德里亚,2017:75)

在数据流中,人的大脑不再是思维意义上的感官,而是形成了彼此连接的接收机,形成了一种信息处理模型,大脑和(虚拟的)真实如接口联通一般形成回路,按照统一程序运行,这就是现代资本社会的驯化方式。鲍德里亚(2017:71)在媒介批判中发出哀叹——"主体成为这一致命意外状况的受害者",与其对西方模式的批判是内在一致的:"霸权正是要令人类事务中所有负面因素都

消失,正是要将一切都简化至最简单的、统一的、没有其他选择的程式,即 0/1 程式。"(鲍德里亚,2017:77)

当所有的冲突都在纯粹的 0/1 模板中以数字方式消失,就意味着否定性和革命性的消失。世界全面同化、世界文化(霸权)的扩张、霸权对反对力量的驯化,不再采取压迫或异化的方式,而是借助媒介的代码化将一切同质化、扁平化,"将一切不愿融入这一交流和全面效能范围的对象全部清除出去"。而且,这种对否定性因素的剔除,是以绝对正当的方式进行的,以惩罚恶、改变野蛮甚至实现"解放"的方式进行的。如果说传统的西方统治可以在辩证法中理解,由内在矛盾获得定义,遵循黑格尔的"主奴关系",那么今天的"霸权"则是一种虚拟的、数字的、高度抽象化的体系,超出了辩证法的否定性而成为一种至高无上的权力。

至此可以清楚地看到鲍德里亚媒介批判的旨归。资本本身已经成为现实,在其高级形态中,资本追求程度越来越高的抽象化,这种极端的抽象化就延展在媒介的代码结构中。对媒介中真实消失的警告与对革命性消失的哀叹是一体两面,而拯救主体与寻找革命性的诉求是共生的。"为何一切尚未消失"的问句内藏复杂情感,是他的激进指向、马克思基因的显现,他不是漫步水晶宫的媒介享受者,而是仍然在寻求挽救真实的可能性。

但对政治经济学的否定使革命变成了无源之水。在对革命性的寻找上,亲手以符号改造了马克思主义政治经济学实践基础的鲍德里亚,陷入了自己的理论困局。因此他的批判带着一种极端悲观的指向:符号的指数级增长一旦超出临界点,就是不可逆转的无限增殖,只有积累突然被毁和全球性崩溃的效应才能令其终结。主体已然陷落，辩证法的主奴关系失效，外显在现实中，就是革命不会再由阶级矛盾引发，不会再推动历史进步，世界的结局只能是"突然"的"全球性崩溃"，这是与超真实无所不包的整体性相对应的。

另一个方面是，既然"霸权"是以善的方式剔除所有负面因素、反对性力量，那么就"必须能够与一切向你施善的事物斗争"（鲍德里亚，2017：42）。这使鲍德里亚晚期尤其关注黑客、电脑病毒和恐怖主义，以及其共同的特征——带来"全球性崩溃"。偏向正面看待这几者的姿态，正是他具有辨识度的理论形象。

2001年，震惊世界的"9·11"事件爆发，作为资本社会精神觇标的"双子塔"在世人面前轰然倒塌，引发了整个现代社会的深层地震。在全世界惊恐于恐怖分子之恶、哀叹于文明之殇时，鲍德里亚以一种意味深长的态度评价了这场恐袭。他认为，资本社会核心区域发生的这场爆炸，不是一场针对美国的袭击，而是一次针对全球化或者说包覆全球的资本体系的袭击，是一个"纯粹的事件"（转引自莱恩，2016：120），其特征是不能被资本社会化约。

如果说"文明的冲突"型判断强调的是"我们"（文明人、西方人、基督徒）与"他们"（恐怖分子、异教徒）的冲突，鲍德里亚执着的则是另一种对立：事件相对于整个代码系统的异质性。它是超出整个资本社会之外的东西，是没有等价物、不能被交换和商品化的东西。换言之，"纯粹的事件"破坏了代码的力量，正是后者这种力量在把整个世界变为超真实的状态。

以符号之网扩张的现代资本主义裹挟一切，权力和影响范围不断扩大，而从内部毁灭它的意志也在不断增加，过度的权力正在引发内爆的可能。恰恰因为超真实无所不包的整体性，它同时也具有了一种内在的脆弱性。"9·11"事件作为"在广义交换系统的核心里恢复了一种不可化约的单一性的行动"(转引自莱恩,2016:123),抓住了这种整体的脆弱性,以象征力量向符号系统发出了攻击。

与"9·11"事件类似,对符号系统更为直接的攻击是病毒与黑客。它们同样具备利用系统脆弱以造成整体崩溃的能力。2000年,由菲律宾黑客开发的"我爱你"蠕虫迅速在全球各地传播,给狂飙突进的信息化带来了数码恐怖主义的阴影。鲍德里亚如是评价:"这个系统越是变得全球一体化,最终形成了一个单独的网络系统,这个系统在一个节点上就变得越脆弱……由于技术效率加强了绝对的死亡武器,这个 18 岁的自杀式袭击者,引发了全球灾难性的过程。"(转引自莱恩,2016:122)

将鲍德里亚对恐袭和病毒的态度说成是"正面"的,其实并不准确,但他确实非常重视这类事件的不可化约性。这种不可化约,指向了资本水晶球内部的裂痕,比如他认为恐怖主义表达了一种碎形的战争,会成为未来所谓世界大战的样态;也撕开了一个观察的口子,使人们领悟到整个资本社会得以建构的方式。在临终前的《为何一切尚未消失》中,他再次以一种复杂的情绪讨论恐怖主义与病毒,认为,在否定性消失之际,这些是一种延伸到超真实当中的遗存。他以一种绝望的、尖锐的声音警告主体消失,或是拯救主体的另一种呐喊;而对恐怖主义不同寻常的理解,是鲍德里亚式理论化的结论,也可以看作一种革命性诉求的投射。如何在后现代情境下处理革命和主体性问题,是走出马克思的哲学家今天面临的难题。

第四章　晚期鲍德里亚与马克思:颠覆或继承

　　在另一幅名为《圣克莱芒》的作品中,沉入水下的黄色废弃汽车同样"大"到溢出画面边缘,变形的车窗架因为露出水面,产生了一种刺破画面的错觉。没有车牌号,没有品牌符号,没有任何属人的信息。与现代社会滥觞的、附着大量商品符号的汽车摄影不同,这辆"车"几乎没有留下由人生产、消费甚至拍摄的痕迹。

　　这两张照片非常经典地呈现了鲍德里亚"物的视角"和传统主体视角的根本不同。

　　鲍德里亚在多大程度上还是"马克思主义"的? 这不仅是关乎他的理论如何定位的问题,其实更是洞穿他的理论尤其是媒介批判转向的一个关键入口。

　　20世纪30年代至今,西方马克思主义理论虽在理论探索方式上表达各异,但却拥有着近乎一致的问题意识,即要拯救蕴含于现代哲学中的主体性困境,同时完成政治哲学中革命话语的构建,两者相辅相成。对此,经典西方马克思主义者如卢卡奇、法兰克福学派、法国马克思主义的代表都做出了重建主体的尝试。对于当代西方马克思主义而言,重构和拯救主体性并不是囿于一种纯粹的、思辨的形而上学诉求,而是迫于现实运动需要,根本目的是以对后革命主体的构建来完成一种革命话语的重构。

这一理论问题域的建构方式,在20世纪60年代之后的西方左翼思潮当中几乎成了标尺,用以衡量一个思想家在何种意义上、在多大程度上是一个马克思主义者。因为在当代西方思潮当中,由于诸多带有"后"(post-)学色彩的思潮的泛滥,西方思想家越来越缺乏一种明确的思想定位。其与马克思思想的内在关联更是难以找到明确的区分和界定。这一点在当代法国马克思主义者身上表现得尤为明显。马克思思想伴随着20世纪60年代法国政治与思想文化事件的巨大动荡,由盛及衰,但其作为一种隐蔽的原则却构筑了此后进入法国思想界的哲学家的基本底色。在这些哲学家的绝大部分论著中,马克思不再作为直接的思想资源被引用和讨论,与此同时,由于整个20世纪法国哲学以主体性为其基本论题,并大多兼具思想的激进性维度,因此所有的当代法国哲学家又不得不以与西方马克思主义者拥有着相同的问题域而自觉于或者不自觉于自身的马克思主义色彩。

鲍德里亚正是其中的典型代表,而他晚期思想与马克思思想的关联方式也尤其能够彰显20世纪之后法国马克思主义者所特有的理论特质:基于一种对西方马克思主义基本问题域的回应,而非其对马克思思想直接研究的意义上来成就自身作为马克思主义者的基本规定。

如前所述,早期鲍德里亚对马克思理论进行直接的修订或扬弃,以马克思的相关论著作为其思想构筑的底色以及批判的对象。但自1970年之后,鲍德里亚似乎远离了马克思的逻辑,以游记式、评论式、公路电影式的文体取代了早期如《物体系》《消费社会》等相对系统的哲学写作，其理论主题也从基于对马克思主义政治经济学的拓展性研究转向了对以拟像世界为主导的媒介批判，彻底将主体打碎在媒介的拟像世界当中。由此带来了晚期鲍德里亚的理论特征：一方面拒斥马克思的政治经济学，一方面又宣布主体的彻底消失，似乎完全背离了革命叙事，封闭了革命可能。

但更深层看来，鲍德里亚自始至终都怀有一种革命的"乡愁"。无论是对"9·11"事件的关注，还是对电脑黑客的辩护，都内含一种对革命的唤回。当资本化成为现代化、全球化的内在逻辑，当宏大革命叙事遭到废黜，鲍德里亚基于自身理论演进，以一种绝望的、倒退的姿态冲入当代西方马克思主义的问题域，试图通过彻底的物的立场、抵死反主体性的思路，将现代性逻辑推演到过度、超级（hyper）状态，以期出现资本逻辑的内在悖反。这是马克思思想的内在张力在鲍德里亚晚期理论中的微光闪现，促使其构筑了一种独特的主体消失逻辑以完成革命话语的再造。

第一节　当代西方马克思主义的问题域：
革命与主体性

如前所述，哲学的现代开端是笛卡尔。"我思故我在"作为第一原理，确定了一件事：主体成了自我意识，主体性取决于自我意识的确定性，能动的、理性的自我成了现代主体性哲学的内核，而客体是这种意识建构的对象。由于笛卡尔的主体性被认为给人的现代解放奠定了形而上学基础,放出了主体的幽灵,现代性批判由此结成了驱魔的同盟,变成了对以绝对主体性为第一原则的思维方式的批判。当资本主义、殖民主义与欧洲中心主义给世界带来了偏见、战争和灾难,当启蒙以来理性至上的原则带来了一系列现代困境,主体性被阐释为现代困境的原罪,取消、限制或重构主体性成为出路。

在对主体性确定和批判的双重进程中,马克思以实践转向提供了主客关系的新可能性。他提出,首先要"清除实体、主体、自我意识和纯批判等无稽之谈,正如同清除宗教的和神学的无稽之谈一样"(马克思,恩格斯,1994:75),然后确立了新的出发点:"这是一些现实的个人,是他们的活动和他们的物质生活条件,包括他们已有的和由他们自己的活动创造出来的物质生活条件。"(马克思,恩格斯,1994:67)生产物质生活本身的、实践的人被确定为一切历史的前提,人在对象性生产活动中改造了自然,建立起以实践活动为联结的主客体关系,不仅为主体生产对象,而且为对象生产主体。这种实践的主客体关系,构成了历史唯物主义的关键地基,也打开了通过改变生产力基础来实现社会革命的通道。

在此基础上,当代西方马克思主义形成了自己的问题域,一方面要拯救现代哲学以来的主体性困境,与之紧密相关的另一方面是要完成政治哲学中革命主体的建构。两者相辅相成,决定性地影响了从 20 世纪 30 年代至今以法国思想界为代表的西方马克思主义理论的走向。西马理论家为超越传统主体理论的局限而进行了种种理论探讨,如卢卡奇认为应该以总体性原则来扬弃经济决定论,现实的总体性就是历史运动中主体与客体的辩证统一,与之对应,无产阶级的主体性在于它是在自己的阶级意识当中按照辩证法的方式来生存的,由此试图重构无产阶级的历史主体地位;如存在主义的马克思主义者把人的主体性存在看作存在的中心,借以凸显被理性遮蔽的主体自由和人的生存价值,校正科学主义以物役人的倾向;如哈贝马斯(Jurgen Habermas)把主体性理论的重心转向人与人的社会关系,提出了人与人之间的交互主体概念,基于主体间性建立交往行动理论,以纠正个体主体性带来的一系列现代弊端。对于当代西方马克思主义而言,重构和拯救主体性并不是一种纯粹的、思辨的讨论,而是将其当作一种现实运动迫切需要回应的实践问题,用以完成后现代社会革命主体的构建。

一、作为阶级意识的主体性

西方马克思主义诞生在第二国际破产之后,重要原因是批判第二国际将马克思主义机械化为经济决定论、历史宿命论、自然本体论的错误,以及由此产生的将无产阶级作为先验选民的倾向。被称为西方马克思主义之父的卢卡奇,重建了马克思主义当中的黑格尔辩证法基础,试图以历史生成取代黑格尔的事后反思,将历史进程阐释为主体与客体统一的总体性过程,以总体性辩证法对抗经济决定论,并试图通过对总体性辩证法的觉悟和意识来重新规定总体的"无产阶级",重建主体性。

卢卡奇的目标是针对片面的经济决定论,阐明无产阶级及其阶级意识的历史作用。这一现实的、革命的诉求投射到思辨中就是重构主体性。因此,卢卡奇对马克思主义重新阐释的支点锚定在"主-客体辩证法"也即总体性辩证法上。他认为,马克思的辩证法扬弃了黑格尔"真理是整体"的关键概念,进行了唯物主义的改造,形成了具体的总体范畴。马克思主义哲学就是要对人类社会生活进行总体的理解,不能以单纯的自然因素、历史事件、特定过程来解释历史,而是要将主体与客体的全部社会运动作为历史的整体。理解任一特定的事件、因素,都要把其看作具体的整体的一个方面。比如,马克思的生产、分配、交换和消费是构成总体的各个环节,以相互作用关系构成有机的整体。比如,马克思指出:"黑人就是黑人,只有在一定的关系下,他才成为奴隶。纺纱机是纺棉花的机器,只有在一定的关系下,它才成为资本。脱离了这种关系,它也就不是资本了,就像黄金本身并不是货币,砂糖并不是砂糖的价格一样。"(马克思,恩格斯,2006:486)卢卡奇认为,马克思所揭示的正是总体性的历史辩证法。

破坏了这一总体性历史进程的,是资本社会的"物化"。"物化"源自马克思的拜物教理论,是卢卡奇用以描述资本社会整体样态的关键概念。商品作为一种可交换、被交换的物,其所彰显的是一种交换关系,物只是这种交换关系的承载者,但当商品普遍化之后,其关系性的本质就被其物化的外在掩盖。马克思的商品拜物教正是对于这一掩盖的揭示:

       商品形式和它借以得到表现的劳动产品的价值关系,是同劳动产品的物理性质以及由此产生的物的关系完全无关的。这只是人们自己的一定的社会关系，但它在人们面前采取了物与物的关系的虚幻形式。（马克思，恩格斯，2009a：89—90）

卢卡奇从中抽取出了有关"物化"的概念：商品不再是人们物质代谢的多种形式之一，而是作为"社会构造的普遍形式""整个社会存在的普遍范畴"，它使"人与人之间的关系获得物的性质，并从而获得一种'幽灵般的对象性'"（卢卡奇，1999：149—153）。换言之，人的存在正在被物的存在方式替代，也只有在物化的存在样态中才能得到说明和显现。

物化使得各种对象性活动、各种关系都进入资本主义的整体系统当中，进入抽象的、量的可计算的形式中，现实被物化和机械化，完整的、运动的历史过程成为僵化的事实堆积。无论是在直接商品中隐藏的人与人之间的关系，还是人同满足自己需要真正的客体之间的关系都消失了。因为"在资本主义发展过程中，物化结构越来越深入地、注定地、决定性地沉浸入人的意识里"（卢卡奇，1999：161），资产阶级思想的二律背反就凸显出来了。

资产阶级思想的二律背反以哲学的形式表达在德国古典哲学当中：一方面，物化的现实要求一切事物都要进入资本主义系统，即接受分析和理性的考量；另一方面，康德以来的德国古典哲学却清醒地发现，感性内容的存在和存在方式仍旧是完全不可溶化于理性系统的既定事实。实质说来，就是德国古典哲学一直试图克服形式与内容、主体与客体的分裂关系，但因为其本身就是物化结构的产物，所以无法解决这一二律背反，无法复归于历史的总体性。

卢卡奇主要借助了对康德的考察来勾勒二律背反的问题,通过对黑格尔的辩证法的打捞来提供二律背反的解决方式。

对于康德,卢卡奇提出了两个考察问题:一个是认识的内容和形式(也即思维和存在)能否合一,一个是认识能否实现总体性把握。对于前一个问题,康德的物自体的提出,本身已经做出了回答。他认为,世界二分为现象和物自体,人的感性直观与知性范畴不能认识作为客体的物自体,因为物自体是自在的、既定的,并不是由我们的先天形式所推演出来的。"这些表象的非感性原因是我们完全不知道的,而我们也不能将它们作为客体而加以直观……然而我们可将现象的理念的原因一般称作超验的客体",就这个客体而言,"现在它是先于一切经验自在地既定的"(卢卡奇,1999:189)。也就是说,康德对于形式与内容问题的回答是形式无法消融掉自在既定的客体,由此造成了形式与内容的二元分裂。此外,关于思维能否把握总体性问题,上帝、灵魂等在康德意义上是所有认识对象总体统一的主体或客体,同样被看作与可认识的现象相对立的自在之物,换言之,也不能溶于理性形式。卢卡奇由此从康德的物自体打开了德国古典哲学的断裂:形式与内容、存在与观念等都处于无法弥合的二分状态。

在此,卢卡奇通过物化社会的描述以及对康德及其后继者的理论分析,试图表明物化与德国古典哲学之间已经形成共谋关系,资本主义理论既无法解决它自己已经洞察到的理论困境,更无法找到能够进入改变物化现实又不被现实吞没的认知主体。他改变这一困境的方式,或者说确定这一主体的方式,是重新阐扬创始于黑格尔、变革于马克思的辩证法。

黑格尔在解决这个问题时将否定性的中介引入思维当中,构建了一种总体的逻辑学,它使"辩证的过程发生了,主要是在主体和客体之间一成不变形式的僵硬对立溶化了","真理不仅被把握为实体,而且被把握为主体"(卢卡奇,1999:227)。辩证运动解决了主客二分、观念与存在的二分问题,但黑格尔的问题在于,他发现了历史却没有真正走进历史,在面对历史的生成性时,选择将历史之外的世界精神看作现实的主体,最终将同一的主体-客体性变成了另一种静止的神学体系。从建构认知主体的角度,卢卡奇对黑格尔的这种概念神学有精准的批判:世界精神"在这儿只是表面上创造了历史。古典哲学本来要在思想上打碎形式理性主义的(资产阶级的、物化的)思想的局限性,并因而在思想上重建被物化消灭了的人,但在这种表面现象中,它的全部尝试化为乌有。思维重又落入主体和客体直观的二元论的窠臼之中"(卢卡奇,1999:235)。

也就是说,在重新"打捞"黑格尔的辩证法使其回归康德问题的时候,卢卡奇鲜明地提出了德国古典哲学当中的一个困境,其实也是马克思实践哲学出现以前哲学的一个普遍困境:只要以纯粹理论或思辨来解决康德问题,那么康德问题就会不断重新返回思辨当中,呈现出纯粹理论在面对现实时的无力。立足于马克思"改变世界"的哲学逻辑,卢卡奇以一个哲学意义上的主体性原则为中介来解开这一悖论,构建了历史生成之中的具体的主体。与黑格尔的思辨主体相比,卢卡奇的主体是在历史中生成,同时创造历史的统一体,既是历史的产物,又是历史的造物主。这种历史性必然要求主体有一定的阶级性与当下性，因此卢卡奇将理论中的这一主体与现实的"无产阶级"重叠在了一起。

在此可以很清楚地看到，先有总体性辩证法中具体的主体概念，后有其现实的投射，因此卢卡奇意义上的主体性是一种觉悟到历史总体性的"阶级意识"，更进一步可以说，"无产阶级"并不是一个现存的群体，而是向"阶级意识"生成的阶级。长久处于物化社会当中，无产阶级会丧失自己的阶级意识，当资本主义规律性的经济危机出现，无产阶级将在这种物化的断裂中找回阶级意识的自觉，形成对总体性的自觉，最终形成阶级行动。

换言之，阶级意识是被总体赋予的，它既不是单个人思想、感觉的总和，也不是它们的平均值，而是无产阶级的历史利益的合乎理性的表达，是阶级的历史发展和现实实践的产物。阶级意识就是从物化到恢复历史总体性的中介，无产阶级通过阶级意识，能够重新把握"总体性"范畴，全面把握社会现实，不再将社会视为各个孤立的组成部分，而是将它们看作有机整体。卢卡奇指出，与之相反，第二国际的经济决定论则是一种"物化意识"，当这种物化意识侵入无产阶级的阶级意识之中时，就会使无产阶级的阶级意识低于历史唯物主义的水平，最终导致欧洲革命屡屡挫败。

阶级意识这一概念有明显的黑格尔哲学底色。在此，不妨整体回溯一下卢卡奇在主体性建构上的理论逻辑，从资本社会物化的现实写起，并不是单纯的社会现实批判，而是同时要建立无产阶级成为主客统一体的理论中介。正是在物化状态下，劳动变为劳动力，劳动力变为商品，无产阶级被物化意识渗透，在一定程度上成为物(客体)的一部分。而阶级意识"唤醒"无产阶级,使其克服异化回归历史的总体性、统一性,又使无产阶级彰显出了主体性。也即,无产阶级既是客体的,又是主体的,观念与存在的二元性(或者说断裂)被弥合了,而康德意义上自在之物、不可知物"Ding",变为了黑格尔意义上的、代表社会关系的物"Sache"。

由是,黑格尔的"主体即实体"判断在马克思语境下获得了重新阐释。黑格尔强调思维与存在关系的绝对统一性,强调"思想不仅是我们的思想,同时又是事物的自身,或对象性的东西的本质"(黑格尔,1980:119),而这个统一性是绝对精神经过否定之否定的辩证运动达成的,历史正是展开这个辩证过程的载体。在卢卡奇这里,活动的主体由绝对精神转换为无产阶级,创造世界、外化自然的精神的活动性,变为了无产阶级作为"同一的主体-客体"的主体性;否定之否定的辩证过程,转变为无产阶级以其主体性(阶级意识)克服物化(异化)复归于历史总体性的过程。由此,卢卡奇以对黑格尔辩证法的复活解决了观念与存在的统一性问题,相应地,也试图解决国际共运宿命论与唯意志论的矛盾。

虽然卢卡奇以历史生成取代了黑格尔的事后反思,但总体性辩证法的基础仍然是思想起源与历史起源在原则上的一致,带有观念论体系的特征。只有在这一体系下,无产阶级才能被理解为历史统一的主体-客体,因为只有进入黑格尔的观念论语境,无产阶级才是和绝对精神一样具有无限性的造物主,而不是马克思意义上的有限的人、存在物。所以也不难理解,为什么卢卡奇一度被批评为"左倾幼稚病",受到了列宁等处于革命一线的实践家批判。但必须要看到的是,作为阶级意识的主体性的建构,是以哲学思辨来解决现实问题的一次突破性尝试，弥合观念与现实（形式与内容）断裂的一次探索，一方面试图用思辨保留哲学的纯粹性，一方面同时深度介入社会革命或变革当中。卢卡奇的这场"越界"，为西方马克思主义敞开了问题域，即以构筑主体性，试图同时完成复归哲学意义上的主体和寻找现实政治中革命者问题的解答。

正如英国马克思主义历史学家佩里·安德森（Perry Anderson）在《西方马克思主义探讨》中所观察到的，西方马克思主义有一种共性逻辑，在理论上出现了一种明显的形式转移：哲学认识论占据了主流地位。如果说马克思是不断从哲学向经济学和政治学拓展，由卢卡奇肇始的西方马克思主义则不断从经济学、政治学向哲学回归。而与之相伴随的，是资本社会度过大工业时代进化到高级形态、全球范围内共产主义运动式微、马克思主义思想家与政治实践的历史性脱离（安德森，1981）。西方马克思主义整体上都强于批判的独创性而弱于实践的建设性，普遍不再关注问题的解决，转而关注如何保持问题的存在，不约而同地对现代资本主义的"完美的罪行"（Baudrillard，1997b）抱有和传统革命乐观主义迥然相异的悲观心态，正源自这一研究转向及问题域的展开方式。

二、作为文化乌托邦的主体性

20世纪三四十年代之后，国际工人运动陷入低潮，法西斯主义在欧洲大陆崛起。尤其二战后，随着经济的高速增长和福利国家的实施，曾经作为资本主义社会中否定性的一面——无产阶级的革命活动——走向式微。马尔库塞(2008:25)就曾指出:"技术社会发达地区的有组织的工人都过着明显缺乏否定性的生活,同社会劳动分工中的其他人的目标一样,他正在被纳入由管理的人们所组成的技术共同体之中。"马尔库塞年代中的工人阶级,与其说是针对资本主义社会的一支革命性的力量,毋宁说是一种被整合到资本主义现代性体系中的单向度的单元,并成为这个巨大机器的有机构成部分。在此背景下,西方马克思主义理论家不再关注无产阶级的革命潜能,转而强调无产阶级阶级意识的否定作用,更加着力在意识形态批判上。法兰克福学派理论家延续并强化前述西方马克思主义研究的主体性问题,借助马克思《1844年经济学哲学手稿》中的异化概念和卢卡奇的物化思想,提出和建构了一套文化乌托邦的批判理论,旨在对资产阶级的意识形态进行彻底清算。

马克思的《1844年经济学哲学手稿》到1932年才公开问世,其中的人本主义基调引发了理论界的轰动,引发了人们对马克思主义理论逻辑的重新审视。人的类本质、类本质异化、类本质复归的解释框架很快流行起来,"两个马克思"的概念也随之产生——经济学的马克思与人本主义的马克思的分野从此构成了西马传统和苏东传统的不同面向。加之,手稿中最有标志性的异化理论又证明了卢卡奇提出物化观念的敏锐和天才性,这使得西马理论家开始倾向于对共产主义做人本主义解读。马尔库塞(1983:93)甚至称,整个科学社会主义的讨论已经置于新的基础之上,这个新的基础就是《1844年经济学哲学手稿》提出的、卢卡奇阐扬的异化理论。

弗洛伊德精神分析理论的出现和盛行,与《1844年经济学哲学手稿》问世带来的思潮形成了交叉。精神分析学向人类展示了无意识的空间,将理性之光投射到一个新的领域,改变了人们对意识的看法。人性的、心理的分析成了社会研究不可或缺的因素,也成为对社会现实进行深入批判不能绕过去的学术台阶。正是在这种情况下,马克思的异化理论和弗洛伊德的人学理论敞开了一种内在沟通的可能。尽管法兰克福学派的代表人,如霍克海默、阿多诺、马尔库塞、弗洛姆(Erich Fromm)等人学科出身迥异、具体看法复杂,但基本倾向于借助精神分析理论对马克思进行一种重读,对马克思和弗洛伊德的理论进行整合。

由此,西方马克思主义的革命与主体性问题在法兰克福学派这里以一种批判异化和扬弃异化的方式展开了。其逻辑起点是,在现实生活中,人是一种异化的存在,人的劳动与自身相异化、劳动过程与劳动产品异化、人与人关系异化、人与人的类本质异化,整个资本社会构成了异己的和非人的巨大力量;其理论旨归是,共产主义是人的类本质的回归,当人回到自身的类本质存在时,人不仅是特殊的个体,更是总体性的人,从而重建自己的主体性,抵达解放。对共产主义理想社会的人本主义重释,体现在了如下批判理论上:

本雅明的弥赛亚共产主义。

作为出生在被基督教同化了的犹太家庭的无神论者,本雅明的思想有一种极端特殊性。他将神学之维贯穿于马克思主义社会批判理论,以艺术“救世主”取代基督的救赎,以期在其中寻找人的异化的复归之道,《机械复制时代的艺术作品》一书的名字,就充分体现出一种消解大工业时代异化以向艺术复归的意味。本雅明

(2015：74—86)认为，工业技术的进步，一方面让高雅艺术走下神坛，成为普罗大众能够体验的文化生活内容；但另一方面，在转动的齿轮、流动的钢水之下，艺术品在创作过程中先天具有的那种"灵韵"（aura）消失了，逐渐降格为商品，而被商品充斥的大众文化又成了宰制和异化大众的手段。本雅明试图在唤回艺术品灵韵的过程中，实现对整个人类的救赎。

从文艺批判角度讲，灵韵是遗留下来的些许"上帝之言"在现代艺术中闪烁的光芒，批判理论就是要依照救赎批评的方法，聆听原初语言中的启示，寻找救赎之道。对应到历史哲学上，本雅明希望每一个人都意识到自己身上携带的微弱的弥赛亚的力量，以现在作为立足点，恢复原初的、完整的生存状态，破除资本主义整体的异化。将艺术提升为"救世主"的角色，复归弥赛亚的伊甸园，这些思想深刻影响了法兰克福学派，成为他们乌托邦理论的基础之一。

弗洛姆的"健全社会"构想。

弗洛姆意义上的人的主体性的解放道路，斥之于"爱的哲学"。他区分了"占有"式生存与"存在"式生存两种不同的人类存在方式，认为前者是资本社会现实下人所处于的异化状态，是工具理性、实用主义滥觞的呈现，是竞争、抢夺、对抗、战争和阶级斗争；而后者是人克服异化回到诗意的、爱的理性的状态，是"健全社会"应然状态，是人的自由、主体性、创造性的彰显。重塑人的主体性，就要塑造"新人"，实现"存在"式生存，构建"健全社会"。

新人要放弃占有式生存方式，"需要与他人建立关系，需要兴趣、爱和世界相一致，并在此基础上确立独立感、同一感和信心"；

要"从给予和分享中获得快乐,而不是从积聚财物和剥削中获得快乐";要"意识到自己同一切有生命之物的统一性,从而放弃征服自然,掠夺、蹂躏和摧毁自然的目的,而是努力去认识自然,同自然通力合作"(黄颂杰,1989:641—643)。总的来说,新人的存在方式就是摒弃一切异化的占有关系,复归于马克思主义所指向的人与自然的统一、人与人的统一、人与自身的统一。然而,弗洛姆指向的这种统一和健全,却是在悬搁马克思主义政治经济学及与之对应的革命理论前提下提出的,人的解放和主体性的凸显,最终变为一种乌托邦的话语重建。

马尔库塞的"爱欲释放"与"审美之维"。

马尔库塞是最早热情阐发马克思《1844年经济学哲学手稿》的法兰克福学派学者,也是对马克思和弗洛伊德理论进行最彻底综合的西方马克思主义哲学家之一,更是公然高扬重返乌托邦旗帜的人。在国际工人运动已经持续了一个世纪的背景下,他鲜明主张应打破乌托邦思维的禁忌,重新将乌托邦范畴引入人类解放事业之中,甚至认为走向社会主义之路可能是从科学发展到乌托邦,而不是从乌托邦发展到科学,因此最具典型性地呈现了人本主义马克思主义的路径和旨归。

马尔库塞的乌托邦思想在其早期文本中逐渐萌芽,认为"劳动解放"是实现乌托邦的重要途径。此后的《爱欲与文明》中,他将马克思主义的历史维度与弗洛伊德的精神分析维度共同纳入人性考察之中,提出了具有鲜明人道主义特征的爱欲(eros)解放论,乌托邦思想重心转为了"爱欲解放"。此间,他以"爱欲"概念替换弗洛伊德的"性欲"概念,将其视为人的本质,将爱欲的释放看作人的本质上的解放，自由王国就是实现这种解放进而实现非压抑性人类文明的历史境地。20世纪70年代后，晚期马尔库塞的研究倾向于审美和艺术领域，将"审美之维"引入对爱欲的反思和拓展中，强调只有以艺术、文学为中心的审美之维，才能在根本上造就崭新的人性，以艺术决定革命成败，以审美革命取代社会批判，从而将乌托邦锚定在了审美境界和艺术追求上。

在审美乌托邦的旨趣之下，"单向度的人"成为马尔库塞构建主体性的批判支点。"单向度"，正是指在标准化、批量化、模式化的文化工业规训下，人的审美、思维、语言方面丧失批判性维度的状态，被异化为单一价值面向的状态。也即"凡是其内容超越了已确立的话语和行为领域的观念、愿望和目标，不是受到排斥就是沦入已确立的话语和行为领域"（马尔库塞，2008：11）。在此单向规训下，主体的自由消失了，主体性无从实现。

如果说，传统人道主义面临的问题是人如何在人性与神性的对立中彰显主体性，因此其所借助的理论中介是天赋人权，那么适应现代工业社会的新人道主义面临的就是自由与压抑性文明之间的矛盾。尤其是，这种压抑既是庞大的也是隐性的，是隐藏在优渥生活、技术进步、批量文化供给当中的，在这里，资本的操纵与现代社会的技术合理性成功结合、支配一切，形成了一种新型集权。在大工业社会中，《1844年经济学哲学手稿》中所描述的那种异化是显性的、痛苦的，因此反而能激发革命力量、锤炼工人阶级，但在发达工业社会中，技术进步、物质供给与文化工业已经整体地满足了社会需要，让奴役与异化隐形化，让人看似坐着实则跪着。批判停顿、革命消失，"技术的进步扩展到整个统治的协调制度，创造出种种生活(和权力)形式,这些生活形式似乎调和着反对这一制度的各种势力,并击败和拒斥以摆脱劳役和统治、获得自由的历史前景的名义而提出的所有抗议"(马尔库塞,2008:3)。那么,新人道主义该如何破除人的异化、张扬人的主体性?

马尔库塞给出的答案是"大拒绝"理论,对现代资本社会的物质、教育、语言、文化工业,给予"总体拒绝或绝对拒绝",给予"纯粹的否定形式"(马尔库塞,2008:53)。总体的拒绝对应全面的控制,强调时刻保持批判性维度,彻底跟一切资本与技术共谋的力量决裂,尤其要借助超越现实的艺术力量,复归一种应然状态,即艺术与审美的乌托邦。贯穿于马尔库塞中晚期理论的一点是,他始终在审美意义上定义人的主体性,在艺术中寻找主体参与社会变迁的可能性,大拒绝就可以看作一场审美主体以审美创造力、文艺批判性为武器进行的革命。在此,因为工具和目标已经设定,现实的政治斗争变为审美技巧问题,艺术就被转换成现实,或者说,现实被转换成一种审美形式。

晚期马尔库塞被很多人称为浪漫主义者,称其充满了对前技术时代的向往,实际上,这是文化乌托邦的总体理论特质。乌托邦本身提供了一个外在于历史的应然之境,主体性的建构斥诸克服异化、回归应然状态的逻辑,因此无法借助政治经济学工具和现实革命,只能以意识形态批判为中介。因此文化乌托邦意义上的主体性彰显,只能集中在批判、大拒绝这样的否定性维度上。当法兰克福学派学者以理论家的角色出现时,他们普遍对现实世界有极强的拒绝性、批判性;但当他们被要求以革命家角色发表意见时,他们又拒绝采取鲜明的态度,而更多使用形而上学语言。

或可这样说,人本主义的马克思主义思潮,延续了卢卡奇以哲学思辨来解决现实革命问题的思路,但也宣告了,异化理论在拯救革命与主体性上不可能有更多的可能性。鲍德里亚尝试建构象征交换的原始乌托邦又宣告失败,也是这种"不再有更多可能性"的强调。

三、空乏主体性

如果说人本主义的马克思主义自身的逻辑演绎已经展示了一种捉襟见肘的窘迫,海德格尔(Martin Heidegger)对法国哲学的批判和结构主义思潮的兴起,则进一步将主体性问题推到一个急迫待解的境地。而这种主体性问题的急迫,和当时马克思主义在实践上遇到的严峻挑战又是一体两面。为了回应主体性哲学和革命实践的双重断裂,阿尔都塞以"保卫马克思"为旗帜,将结构主义引入马克思主义,通过无主体或者说空乏主体的理论建构,试图为马克思主义的现实性重新找回根基,开启了当代激进左翼思想家的研究进路。

一系列著名的政治事件可以用来勾勒激进左翼诞生的历史情境:1956 年苏共二十大召开,赫鲁晓夫的秘密报告不但"揭露了斯大林罪行",同时也极大地挫伤了马克思主义的理论威信;同年,布达佩斯暴动发生,引发苏联军事干预,苏伊士运河危机出现,苏美联合与英法对峙。在国际政治领域,革命力量对抗帝国主义的共产主义运动叙事,已经转变为两个超级大国争夺霸权的冷战叙事,马克思主义在革命实践中的指导性遭遇巨大挑战。

与革命性的匮乏相对应,哲学的主体危机越演越烈。1947

年,海德格尔选择在法国发表《关于人道主义的信》,成为法国存在主义、人道主义遭遇的一次哲学重创。在这封"20世纪最著名的哲学书简"中,海德格尔严厉批判了萨特的著名演讲《存在主义是一种人道主义》,认为萨特不过是将"人的本质"等同于"人的生存",根本说来仍然是从形而上学出发对人的本质的一种设定,只是这种本质是"生存先于本质"的本质,萨特"作为一种人道主义的存在主义"看似在诘难传统主体性哲学,但其实已经达到了主体性哲学的顶峰。海德格尔还同时批判马克思的人学,认为任何一种以不加追问的存在者解释为前提的规定都呈现出人道主义特性,任何人道主义都是形而上学的。马克思对人的本质的思考归根结底是以既定的人性规定为前提,这与人性基于自然、历史角度被规定一样陷入人道主义之中。海德格尔的批判,开启了二战后法国各类"反人道主义"潮流和新的"主体性之死"探讨。

结构主义则更加激进地喊出了"主体已死"的理念。如前所述,结构主义植根于西方对理性主义传统的批判之中,立足于语言学基础,将一个稳定自足的结构作为先在于一切的出发点。在这个结构当中,每个结构性因素的功能与意义并不确定,必须依赖于互相之间的关系而获得定义。很明显,结构主义以一个横向的、扁平化的关系框架,取代了近代认识论哲学"真实-表征"式的、纵向有深度的关系框架,由此将主体排除在结构之外,使主体性变为无本之木。人道主义解读在日渐强势的结构主义论说下已失去合法性,其以异化和文化乌托邦解读马克思的思路,给了海德格尔等哲学家非常称手的批判工具,实际已经将马克思主义带入更加危险的境地。

和人道主义的马克思主义狂欢于《1844年经济学哲学手稿》相反，阿尔都塞以《资本论》为主要文本来重新梳理马克思主义的历史辩证法。这固然是"两个马克思"——早期人本主义马克思和晚期经济学马克思断裂的一种投射，但同时也因为，后者提供了结构主义与马克思哲学的结合点。《资本论》中所彰显的理性与科学思维，与结构主义试图将科学的精密客观性引入人文研究、寻找同类事物普遍模型的旨趣具有贴近性，从此处入手，能够一反人道主义马克思张扬主体、张扬人的本质的理论逻辑，建立一种具有历史实证性的"科学的马克思主义"传统。

在共时性高于历时性的结构主义旨趣下，阿尔都塞首先批判了黑格尔的历史主义，正是后者将历史看作一个历时性的、同质化的过程，看作历史的内在本质在连续性时间中的外显。黑格尔历史观的特质可以从两个方面概括：一是"时代的同质的连续性"（阿尔都塞，2017：100），即内在理性始终左右着历史发展的进程；二是"时代的同时代性或者历史的现实存在范畴"（阿尔都塞，2017：101），即历史和逻辑始终统一、观念和现实始终统一，无论经济基础、政治制度还是意识形态，都是观念在一定历史环节上的显现。"黑格尔的根本缺点不仅仅在于'思辨'的幻觉，这种思辨幻觉已经为费尔巴哈所揭露过，它实际上是把思维与存在、思维过程与存在过程、思维'具体'与实在'具体'等同了起来。"（阿尔都塞，2010：182）这样的历史中的现实没有偶然性，必须以各种方式趋向与历史逻辑同一的轨道，所以它是按照目的论预先被规定的。

黑格尔将历史作为观念演进的闭合性的系统，其关键问题就是马克思曾经指出的,将思维作为现实的造物主,将现实作为思维的外部表现,这样,思维或观念就成了永恒的、超历史的范畴。阿尔都塞一语道出这个历史"公式"带来的极度保守性,"就是任何事物都不能超越它的时代","哲学无论走出多么远,都不能超出这种绝对领域的界限:哲学尽可以在夜晚的睡梦中遨游,但它仍然属于白天,属于今天。它不过是反映自身、反映自身概念的现实存在。哲学在本质上说不属于明天"(阿尔都塞,2017:102)。

如果以黑格尔式的历史主义看待马克思主义,就会遮蔽马克思主义的整体结构,遮蔽生产力、生产关系等各个层次之间的动态关系。与黑格尔历史观所体现出的同质的、思辨的统一性不同,阿尔都塞认为,马克思历史观的核心应该是一种结构关系,"由某种复杂性构成的、被构成的整体的统一性,因而包含着人们所说的不同的和'相对独立'的层次。这些层次按照各种特殊的、最终由经济层次决定的规定,相互联系,共同存在于这种复杂的、构成的统一性中"(阿尔都塞,2017:105)。每一个层次都有自己相对独立的历史,经济的历史、意识形态的历史、科学史、艺术史,各自都有自己的断裂,彼此处于一种动态的关系当中,因此不可能产生和思辨的统一相一致的现实存在,优先理解的应该是整体的结构(共时性),而不是时间的顺序(历时性),"只有确定了每一个历史的特殊的历史时间性的概念以及它的节拍划分(连续发展、革命、断裂等等),这种历史才能够被认识"(阿尔都塞,2017:108)。

人道主义的马克思主义关于人的本质的设定,与黑格尔的历史主义存在共谋。历史的同质性、连续性的演进,正是一个被预设的人的本质实现复归、达成主体性的过程，因此，如果以人道主义的"主体"为主体，历史将失去其生成性，主体性和革命性力量都将无从谈起，在政治实践上只会导向保守。对此，阿尔都塞提出了"历史无主体"的论断，指出，马克思意义上的生产关系与社会关系不能还原为人与人的关系，不能还原为抽象主体意义上的相互关系的各种转化形式，因为"生产的社会关系表现的并不是单独的人而是生产过程的当事人和生产过程的物质条件的特殊'结合'"（阿尔都塞，2017：196），生产关系中的人与人之间的关系是由生产过程中人与物质要素的关系来规定的。也即，生产关系指认的是一种结构性功能的承担者，指认的是劳动与资本的人格化，并非人道主义的马克思主义所认定的抽象意义上的主体。

阿尔都塞（2017：202）进一步指出，"真正的'主体'（即构成过程的主体）并不是这些地位的占有者和职能的执行者。同一切表面现象相反，真正的主体不是天真的人类学的'既定存在'的'事实'，不是'具体的个体''现实的人'，而是这些地位和职能的规定和分配"。不是主体在决定，而是结构在主宰，主体的意义仅仅由于其在结构中的位置而得以指认。由此，历史过程中真正的主体只能是结构功能化生产关系，而历史唯物主义正是对"无主体的历史过程"的科学表述，历史的动力由外在的、预设的目的，转变为内在的、生成性的结构框架。

需要澄清的是，"历史无主体"是在与法国人道主义的辩论语境中提出的命题，这里"主体"有精准所指，并不能说明阿尔都塞作为结构主义者彻底将主体从马克思主义中摘除。阿尔都塞是借助结构主义工具"保卫马克思"，试图显扬马克思理论客观性和科学性的面向,而不是借助马克思主义阐述结构主义,服膺于结构主义的非历史性、非主体性。换言之,阿尔都塞借用了结构主义对超越个体的普遍性结构的预设,来取代人道主义者对人的本质的普遍预设,以此校正对马克思的人学解读;同时,其对马克思关于社会形态的分层次整体的讨论,反驳了同质化连续性的历史观念,凸显了社会发展的异质性结构,凸显了历史的断裂性可能,实际上又为主体的作为提供了空间。这种张力在阿尔都塞的《意识形态与意识形态国家机器》中有所说明:"主体这个说法实际上意味着:(1)一种自由的主体性,主动性的中心,自身行为的主人和责任人;(2)一个臣服的人,他服从于一个更高的权威,因而除了可以自由接受这种服从的地位之外,被剥夺了一切自由。"(阿尔都塞,2011:312)这个判断实际上对应着马克思历史唯物主义的主体向度和客观向度。

从臣服性的角度看,阿尔都塞将主体看作一个复杂历史结构的构成因素,主体本身并不能成为历史动力,真正推动历史进步的是一种多元决定的结构,具体的人不过分散在这个结构中的某一节点上。因此,人道主义作为历史主体的"人"不过是一种幻象、一种虚构性产物,一旦我们夸大了处于结构中的"人"的因素,自然就会进入资产阶级意识形态的言说逻辑,陷入人道主义对人的本质的虚构当中。

从主动性角度看,阿尔都塞又非常重视处于历史情境之中的贫困的人、具体的人、"工人阶级的最底层"的人,强调是"群众"而不是"人"在阶级斗争的情境下推动历史进步。在与人道主义的论辩中,阿尔都塞认为,资产阶级将自身形象抽象为"人"的形象,压抑了工人阶级真正的历史角色，遮蔽了存在于资产者与无产者之间的角力与斗争，而阶级斗争才是历史的原动力。阿尔都塞坚持认为，创造历史的是"群众"而不是"人"，因为后者是资产阶级建构的意识形态，前者才是进行着阶级斗争的革命力量，在同一切剥削阶级和压迫阶级的斗争中推动历史进步。

对群众所具有的主体性的强调，并不意味着阿尔都塞回归马克思主义的工人阶级叙事，而是因为群众在多元决定的结构中、在具体情境中承载了一种功能，其意义只有在结构框架下才能实现。也就是说，其力量已经不是主体性的显现，而是作为结构的建构力量而呈现。结构消灭了主体，但主体性仍然是结构的动力；人具有自由性、主体性，但同时也要驯服于结构，阿尔都塞正是在这种悖论当中思考主体的可能性，最终留下的逻辑通道非常狭窄：只有发现作为功能承担者的主体之后，结构才能发挥结构的功能。正是在此意义上，阿尔都塞借用了拉康的"询唤"（interpellation）范畴，提出了询唤主体的概念。

"询唤"的使用，意在说明主体的幻觉是如何被资本社会的意识形态建构的。阿尔都塞在谈及意识形态国家机器时指出："主体之所以是构成所有意识形态的基本范畴，只是因为所有意识形态的功能就在于把具体的个体'构成'为主体。"（陈越，2003：361）"每一个被赋予了'意识'的主体，会信仰由这种'意识'所激发出来的、自由接受的'观念'，同时，这个主体一定会'按照他的观念行动'，因而也一定会把自己作为一个自由主体的观念纳入他的物质实践的行为。"（陈越，2003：361）换言之，在不断的意识形态的询唤中，个人被构建为一个主体，"意识形态从来都在把个人询唤为主体，这就等于明说，个人从来都在被意识形态询唤为主体。我们从这里必然得出最后一个命题：个人从来都是主体"（陈越，2003：366）。也就是说，我们早已被意识形态预先指认为"主体"，在这种意识形态下，除了作为"主体"在社会历史中出场，我们别无选择（参见蓝江，2016）。

这和宗教的效果是相类似的，正如阿尔都塞在此文中所进一步论述的，在基督教的仪式中，人被询唤为一个宗教的主体，一个大写的、处于中心的、作为他者的主体（上帝）已经存在，被询唤的人其实是臣服于大写的主体。"所有意识形态的结构——以一个独一的绝对主体的名义把个人传唤为主体——都是反射的，即镜像的结构；而且还是一种双重反射的结构：这种镜像复制是构成意识形态的基本要素，并且保障着意识形态发挥功能。"（陈越，2003：370）这意味着，无论是上帝、人的本质还是绝对精神，在作为意识形态询唤个体的角色上是一致的，在使小写的主体臣服的目的上是相同的。相对应的，小写的主体又是通过意识形态来承担结构中的功能、确证自身的存在的。主体就是如是被建构出来的。

因为带有浓重的结构主义色彩，阿尔都塞的询唤主体引发了很多批评，大多指向其对马克思主义的机械化处理。马克思哲学史家科拉科夫斯基认为阿尔都塞是在维持一种斯大林传统，而列斐伏尔则指出，"阿尔都塞使马克思主义僵化了，他把一切动机性都从辩证法中剔除了出去"（多斯，2012：135）。批评指向了一种悖论，即阿尔都塞引入科学来反驳人道主义对主体的抽象预设，结果却同样预设了结构这一具有理性特权的"主体"。如果主体是资本社会的意识形态询唤出来的幻象，那么是不是只有依靠结构的运转才能实现解放呢？果如此，这种结构的运转，是不是另一种意义上的"救世主"呢？

这确实是一个深刻的悖论，但结论所展现出的矛盾并不应掩盖理论在论证过程中的丰富性，尤其是阿尔都塞对结构与人的关系的分析。阿尔都塞的询唤主体表达的是一种空泛的主体性、"无主体的主体性"，即历史的运行仍然在主体性的推动下运行，但主体本身已经变成了结构中的一个空位，等待在特定情境下被主体临幸。这种"情境"（形势）就是阿尔都塞在晚期著作《马基雅维利和我们》中所强调的主观条件与客观条件的相遇，也是其在读《资本论》时提出的命题"生产关系中当事人与物质条件的特殊结合"的延续。情境不同于特定的要素，它是多个要素相互作用的局面；情境带有着偶然性，却主宰着结构的复杂性。正如阿尔都塞同样在晚期通过评判马基雅维利所表达的，政治主体是在恰当的情境中才进入历史的节奏：

> 马基雅维利没有根据形势来思考满足统一的难题：却是形势本身从反面，然而也是客观地提出了意大利民族统一的难题。马基雅维利仅仅是用他的理论立场表达了由形势的具体情况客观地、历史地提出的难题：它不是由单纯理智上的比较提出来的，而是由现存阶级力量的抗衡和它们不平衡发展的关系——实际上，就是由它们偶然的未来提出来的。（陈越，2003:396）

意思是,不是政治主体根据特定情境来判断历史问题,而是特定形势、情境要求主体如此这般地看到历史问题。正如《读〈资本论〉》中所强调的,不是人与人之间的关系形成了生产关系,而是生产关系指认人作为功能的承载者。在此,情境的偶然性具有决定性,社会发展的总体结构的规律性和确定性被打破了,偶然性与非确定性带来了政治实践(主体性发挥)的空间。

从"历史无主体"推演到"无主体的主体性",再到对"情境"强调,阿尔都塞是在处理主体与结构之间的关系,更是在处理马克思留下的重要命题——历史规律与人的能动性的张力,因为幽微的革命可能性正在这种张力中。经典马克思主义以无产阶级为立足点构筑革命理论,与机器大工业时代的剥削与压迫方式是紧密相关的,与无产阶级作为明确的被压迫阶级的现实是紧密相关的。但随着资本主义的不断自我调适,随着福利国家政策的推广施行,随着消费社会对生产社会的取代,随着资本主义国家中社会主义因素的增加,阶级失去了固定性,压迫没有了残酷性。当阶级概念被阶层、社群等替代,当压迫仅仅意味着消费等级的划分,革命的意义与合法性变得面目模糊,甚至对资本的批判都变得不再确定无疑了。颠覆性的革命似乎已经失去了可能性,保持问题、保持断裂、保持主体的不确定性,是阿尔都塞等西方马克思主义哲学家寻求反抗和革命的必然选择。因为同质化的、持续性的历史观,基于静止的主体而构筑的政治哲学,只能指向被规定的政治秩序,复归于黑格尔式带有预设目的的历史。只有留下主体的空位,但却预先规定主体的实在性,可能性才不会被闭锁。

　　实际上，也正是这个主体的空位，为后续的激进左派打开了更多建构主体性的可能。人道主义和结构主义思潮之后，马克思主义的学术后裔在主体问题上面临着两重不可能：一是主体不能再回归具体的人、具体的阶级，如经典马克思主义当中的无产阶级；二是主体不能再还原为一种类本质，不管它是抽象的人性还是大写的主体。而"无主体的主体性"本质上以偶然性取代了主体的先验性、规律性，或者说，从阿尔都塞开始，前者已经成为后者的基础。

　　偶然性的优先和对主客体相遇的"情境"，成为阿尔都塞的学生阿兰·巴迪欧"事件哲学"的理论背景。正是巴迪欧将阿尔都塞的主体理论概括为"无主体的主体性"，并在此基础上反省作为实体性主体存在的可能性。巴迪欧认为主体不仅存在，而且必须存在于历史的变革点上，没有主体，就没有历史的跨越。在巴迪欧看来，每一种既定的历史情境本身没有结构，本身表现出的是极为纷繁复杂的现象性的集合，但是需要对杂多的情势有一个统一性的结构来加以理解，因此，对于历史的情势，人们给予了一种操作性的实践，即用一个"一"把杂多的社会现象统一起来，而这种统一正好赋予了社会历史一种可以进行理解的结构。但一旦发生了事件，之前情势的结构就会破裂，统一性打破。如果某人或某些人重新用新的"一"将断裂的杂多状态统一起来，重新赋予这种局面以一种结构，那么这个群体或个人就是以"主体"角色出现在历史中（参见蓝江，2016）。

　　在《圣保罗》中，巴迪欧以对基督使徒圣保罗的研究来展开上述"事件"与"主体"逻辑。在基督教发轫之初，犹太人、罗马公民圣保罗曾主张以强硬手段来消灭当时被犹太教视为异端的基督教徒，他带着可自由通行于罗马帝国的通行证，以犹太教所提供的搜捕文件，往来各处惩罚散布耶稣复活消息之人。然而戏剧性的是，在去往大马士革的路上，圣保罗与耶稣超自然的相遇，随即受到感召而倒转信仰，皈依基督教。作为曾经迫害基督徒的犹太人，圣保罗忽然接受神启，转而信仰基督教，这一独特履历使其本身就成了一个突如其来的事件。而随后的布道则更凸显了这一事件在基督教史上带来的断裂（革命）：他提出的教义构成了《新约》的主体内容，与《旧约》系统及其衍生的世俗法律产生对抗；他秉持普遍主义的传教信念，坚持包括犹太人在内的任何人都有权利信仰耶稣基督；他将自己身上的三重角色——基督教使徒、犹太先知和希腊哲学家有效统一起来，也将犹太理念中的"上帝的拣选"和希腊哲学中的"宇宙秩序"统合起来，这让巴迪欧看到了巨大的革命性。20个世纪前的圣保罗提供了当下激进左派革命诉求的投射对象。

在三种话语及其后的宗教哲学之下，圣保罗所秉持的话语是独特的。这种话语来自"神启"，后者使得犹太人圣保罗成为一个历史的闯入者，也成为真理的担保者。因为这种履历带来的身份确证，"闯入者事件"成为圣保罗在布道和阐发教义时必然认同和强调的事件，最典型的代表就是耶稣复活。耶稣复活并不是圣保罗的创造，因为《旧约》也谈耶稣复活。但《旧约》的谈论方式是犹太教方式，即将复活放入耶稣出生、道成肉身、布道、死亡的链条当中，成为其生平的一个逻辑环节。但圣保罗以事件方式阐述耶稣复活，用经验（很多人见证）的方式取代了超验的方式，让复活变成了一个跳脱出传统宗教叙事的事件,"事件既是通过有问题的'不是'中止肉体的途径,又是通过例外的'而是'肯定精神的途径"(巴迪欧,2015b:81)。由此,复活成为一个断裂、异质性的存在,"发生的事,不以任何属性为基础,超越律法,对所有的人发生,又没有指定的理由"(巴迪欧,2015b:99)。

将"事件"与"主体"剥离宗教语境,或许可以这样描述巴迪欧在此想表达的逻辑:事件跳脱出既有秩序,形成了既有秩序的裂口,当主体与事件的情境相一致的时候,主体性由此被激发出来。事件提供了一种可能性,在这种可能性当中,具有革命性的主体被建构出来。正如在基督复活这样一个事件之后,耶稣被更多人见证,基督教由此走出危境,获得了真正意义上普遍的信众。根本看来,事件中生成主体,同样持空乏的主体性思路,是从反省阿尔都塞"无主体的主体性"悖论中来的,以主体的实在性来解决后者在无主体情况下寻找革命可能的矛盾。

当代激进左翼聚焦事件中的主体,产生了两种理论结果,二者又是一体两面。其一,实现了主体的生成性,相应地,也就排除了"我思"命题以来主体的既定性或抽象性设定。拉克劳与墨菲将运动中的领导权看作一个空位的预设,防止革命话语向统治性权力转变;朗西埃(Jacques Ranciere)关注"无分者"(with no part),即未被纳入社会秩序的人,认为当他们活跃于历史舞台之时,挑战就会产生,都是提供了一个断裂的时刻,强调主体在此间生成。正是因为由事件生成,主体才始终能保有革命的性质。其二,这同时导致了主体的不可知。正因为事件生成主体,这一主体只能被事后指认,而不能被预知,革命因此进入了一种偶然的命运中。也就是说,激进左翼提出的生成性主体本是一种积极主体,用以寻找和确证革命的可能,但最终却使革命陷入更深沉、更隐蔽的悲观当中去。偶然性,本来用以撕裂秩序,提供革命的可能,但同时,也带来了革命的随机和不可知。

法国激进左派是一个正在进行中的思潮,其主体理论仍在生成的状态,因此激进性的维度仍然可能继续延伸。只是,正像上述分析所展现的,其保持问题存在、保持断裂存在的理论特质,形成的是一种革命的哲学姿态,并没有也不再可能用以指导政治实践。与其说它在提供一种革命的可能,不如说它保持一种对资本社会的否定性维度,在无所不包的资本逻辑下,成为后者内在弹性的一个表达。在某种意义上,鲍德里亚正是深切感受到了这种无助,才在《为何一切尚未消失》中大篇幅援引了美国小说家德里罗的一段话:

> 这些反抗者,这些示威者,他们不是资本主义的掘墓人,他们是自由市场本身。这些人是市场创造出来的幻象。他们不存在于市场之外。无论去任何地方,他们都无法置身市场之外——没有市场之外可言……这就是他们存在的目的——为了令这种体制充满活力和永久延续。(鲍德里亚,2017:36)

第二节　拟真时代的"主体"与"革命"

马克思的哲学穿透19世纪以及20世纪,形成了有巨大韧性的学术藤蔓。经过经典马克思主义、人本主义马克思主义、结构主义马克思主义、当代激进左派从不同层面进行的理论演进,经过现象学、结构主义、存在主义思潮的冲刷与撞击,马克思主义在当代西方已经形成了复杂联结又充满独创性的研究生态。这种生态呈现了当下西方马克思主义研究的特征:马克思不再是一个被研究的对象,而是所有激进思想的底色;以法国激进左派为代表的学术继承者不再引经据典地研究马克思,而是试图将其内在张力释放出来;对革命合法性和革命主体的执着追问,不再斥诸政治经济学批判,而是再度转向了哲学自身。

晚期的鲍德里亚,在这当中表现出了一种游离。这种游离首先表现在理论呈现的形式上,在《生产之镜》《象征交换与死亡》之后,他就以游记式、评论式、公路电影式的文体取代了严格意义上的哲学写作,文本中充满了讽喻和暗示,似有意将文本作为一种超真实的展演。就像鲍德里亚的研究者所指出的,这种写作中的"任何'信息'都是通过不断重复来建构的,这将最终导致'意义的爆炸'","文学夸张手法(为了效果的夸大)变得类似于'超真实'"(Rojek,Turner,1993)。这为他招致了很多争议,也带来了其理论面目的模糊性。

游离更表现在其研究内容与观点上。早期鲍德里亚著作,始终试图对马克思理论进行修订或扬弃,以马克思理论为哲学对手;但在晚期,他似乎远离了马克思的问题域,并以一种恐怖主义的方式,彻底将主体打碎在媒介的拟像世界当中。一方面拒斥马克思的政治经济学,一方面又宣布主体的彻底消失。他似乎完全封闭了革命的可能,成为一个准备在资本水晶球中毁灭的妥协者。

但更深层看来,鲍德里亚自始至终怀有一种革命的"乡愁"。无论是对"9·11"的关注,还是对黑客的辩护,都内含一种对革命的唤回。鲍德里亚的理论清醒在于,他清楚地看到在"资本即现实"的状态下,以哲学方式解决政治经济学实践问题的不可能,"统治可以经由其对立面、力量关系和内在矛盾得到定义。它经由否定性得到定义。主人的存在依赖于奴隶,正如奴隶的存在依赖于主人。霸权则不再需要对立项,它不再需要依赖相反面而存在。这就是为何霸权不像统治那样拥有定义(这也是为何'解放'这个概念对霸权来说没有意义,它只有在统治体制的范围内才有意义)"(鲍德里亚,2017:24)。但鲍德里亚的理论纠结在于,他在放弃主体的时候没有放弃革命,或者说,始终对革命的可能性抱着一种绝望中的戏谑,因此他选择了以主体消失的方式来讨论主体,以真实消失的方式来讨论真实。甚至认为,应该将消失看作存在的内在维度,"任何事物都必须以消失作为生存之基础,如果希望对事物做出完全客观的诠释,就必须以其消失为依据"(鲍德里亚,2017:72)。只能说,这是鲍德里亚式的激进,在某种意义上,他通过超真实(hyperreal)的批判理论的构筑,将马克思的现代性批判做了极限化的推演,通过将现代性逻辑推演到过度、超级(hyper)的状态,来让资本逻辑自身的背反充分显现、吞噬真实、达到反噬(内爆)。

一、诱惑:消解主客二元架构

"诱惑"(seduction)概念出自鲍德里亚 1979 年的著作《论诱惑》。从鲍德里亚自身理论的演进来看,诱惑是早期"象征交换"概念在后现代语境中的新发育,是以交互性为特征的象征交换逻辑在拟真世界上的应用。鲍德里亚将现代资本社会视作不辨真假、压平主客的拟真模型,诱惑正是拟真中的"表面游戏",用以消解主客二元架构,彻底取消对意义的阐释与追逐。

《论诱惑》的写作缘起于鲍德里亚对弗洛伊德的批判,以及对当时法国女权主义思路的反拨。自《象征交换与死亡》以来,鲍德里亚逐渐凸显了马克思的政治经济学与弗洛伊德理论内在的相同逻辑架构,将后者视为在精神分析领域应用的政治经济学:马克思的生产逻辑在弗洛伊德那里成为力比多的强制性再现,对此,鲍德里亚给予了明确的指认。"从劳动话语到性别话语,从生产力话语到冲动话语,传送着与生产(pro-duction)一样的命令要求,即字面意义上的生产。生产最初接受的词义实际上不是制造的意思,而是使某物可见(visible)的意思,即让某物显现或出庭。"(鲍德里亚,2011a:55)生产的逻辑意味着"一切突然发生在现实中,发生在可见物和表示效率的数字中,让一切都可改写为生产关系、概念体系或可推算的能量"(鲍德里亚,2011a:56),而力比多理论则围绕着潜意识的生产和再现而展开,建立在"压抑和被压抑内容的生产上",建立在最大限度获得剩余快感上(鲍德里亚,2012:308—309),后者同样是以积累和显现为内在逻辑,同样是一种设立一个概念用以推导现实的形而上学。

客观生产体系与主体欲望机制的内在共谋构筑了晚期资本主义社会的基本架构。如果说为了对抗这一线性生产逻辑,鲍德里亚提出了象征交换的概念,那么,正是为了破解精神分析所构筑的欲望机制,鲍德里亚提出了诱惑的概念。前者作为与价值交换相对立的概念,以交互性的、折返性的交换方式,消解了价值交换线性的、积累性的逻辑,代之以互相融合的模棱两可性,既无二元对立的横向确定性,也无从表面深入本质的线性纵深。后者则通过爆破男/女二元构架,消解力比多经济学中激发欲望的剩余快感。因此,虽然,鲍德里亚是在对两性问题的讨论当中来展开诱惑这一概念的,但这一概念却将鲍德里亚对于马克思的生产逻辑的批判推到了彻底,并借助对男/女二元架构的消解开启以消失的逻辑构筑革命的第一步。

在对诱惑概念的讨论当中,鲍德里亚首先质疑的是隐藏于精神分析之内的先在的二元结构:精神分析学中只有一种性欲,就是力比多,而力比多是属于男性的。在这种关于性的理解当中,女性作为对象物被男性建构出来,产生了男/女二元结构。从这个角度看,女性跟随弗洛伊德高喊性解放、释放欲望,显性上是自我解放,隐性上却是将自身深深封闭于二元结构的陷阱当中,"在这个结构中,要么女性注定在强大的结构中受到消极的歧视,要么在一个削弱的结构中获得微不足道的胜利"(鲍德里亚,2011a:9)。

所以鲍德里亚认为,关键是要找到以性别为"公理体系"的精神分析学之外的方法,即女性要摆脱目的性的性别对立。性别对立的叙事就是女性痛苦与压抑的历史,这种历史内藏诡计,使女性的"本质"被建构了，"压抑就在面前，完完全全，就在对妇女的性贫困和政治贫困的叙事中，它排除了任何其他方式的威力和最高权威"（鲍德里亚，2011a：10）。因此，方法是逃离阐述性和区别性的术语，也可以理解为，逃离本质和意义的术语、进入诱惑的逆转性术语："女性不再是对抗男性的东西，而是诱惑男性的东西。"（鲍德里亚，2011a：11）

在这个并不符合现代政治正确的结论中，隐藏着晚期鲍德里亚思想的整体理论逻辑。晚期鲍德里亚在一定程度上放弃了和马克思主义政治经济学的纠缠，以"超-"系列概念展开对资本社会的阐释模式，以呈现出超级现代（hyper-modernity）样貌，例如其对于超真实（hyperreal）、超现实（hyperreality）等概念的使用与相关讨论，都是用以描述因为过度逼近对象最终和对象融为一体的高度透明性。这种扁平化和透明性的例子今天随处可见，如媒介与现实不再是表征与真实之间的关系，而是媒介制造了"真实"，形成了超真实：如手机等智能终端不再是人手中的工具，而是人内化于手机，成为智能终端的生殖器。就如同人逼近、溶解于智能手机，与客体彼此无分，两性之间也处于这种打破界限、因过度逼近而不确定的融合状态，诱惑正是这种因交互而不确定状态的表达。在诱惑逻辑里，不是女性取代、战胜男性，而是性别的确定性本身终结了，"女性气质使性别的两极摇摆不定"（鲍德里亚，2011a：18），是男性权力结构背后线性、区别性的对抗被逆转了："（诱惑）就在对现实所期待的任何深度的逆转中，在对任何心理、任何解剖、任何真理、任何权力的逆转中。"（鲍德里亚，2011a：15）

可以说，诱惑是反本质、反建构、反深度的，是一种表面的游戏,一种适应无深度的拟真世界的策略,用以逆转男权社会建构起来的,也就是传统主体性哲学推崇的"真理"和"权力"。女性只有秉持这种表面性才能挫败男性的深度,而如果通过建立女性深度来对抗男性深度,则恰会被对方的陷阱捕获。在此,鲍德里亚潜在地建立了一种连接,诱惑的逻辑是:女性气质(femininity)—表面化—不确定性。用以颠覆的逻辑是:男性—深度—本质与表象的同一性。这里的女性气质,是鲍德里亚用以表达诱惑显现的方式,是用以摆脱男/女二元结构的概念,不能理解为二元结构中的女性概念。

将模棱两可的、表面化的女性气质作为反本质和反真理的集中表达,上述逻辑链显示了鲍德里亚提出诱惑的真正意图。其所针对的是从爱利亚学派开始的整个西方形而上学,"这里会有'表象/存在'(爱利亚学派)、'分有者/理念'(柏拉图)、'现世/上帝之城'(基督教)、'经验此岸/自在之物'(休谟—康德)、'现象/观念本质'(黑格尔),其中,除了康德和休谟的'/'真是一种阻断式的关系以外,其他均是从外部凸状表象揭露阴凹本质的主体逻辑'决心'"(张一兵,2011)。

启蒙以来的主体性哲学话语,确立理性、构建本质、阐释意义,形成了达到资本社会总体性的逻辑通道。鲍德里亚想要颠覆的,正是站在主体理性角度追求同一性的阐释性话语,想要指认和凸显的,则是被现代性否定的表象。所以他在晚期将资本社会描摹为一个无真无假、没有主客的拟真模型,以诱惑为核心概念打破最为典型的二元架构——男女两性,试图展示的就是这样的场景:后现代的无深度与平面性,与理性的诉求相反,后者的深度在本质,而前者的"深度"在表象（表面），诱惑逻辑就是一个仅仅关涉表面的游戏。

那么在这样"表面的深渊"中，"主体"的命运如何呢？鲍德里亚为此重新讲述那喀索斯的故事以作答。那喀索斯就是希腊神话中爱上水中自己倒影的美少年，精神分析学上自恋癖一词的来源。故事中提供了一面拉康式的镜子，成为鲍德里亚（2011a，102）展示诱惑的基本方式："面对着他的泉水，那喀索斯在自我解渴：他的形象不再是'他人'，而是他自身的吸收和诱惑他的水面，好像他只能向水面靠近，永远也无法超越到别处，因为根本就没有别处，正像他与水面之间没有反射距离一样。水的镜面并不是一个反射面，而是一个吸收面。"这里的水面，既不是主体在其中异化变形的镜子，也不是询唤主体的他者，而是吸收了主体的平面，无所谓主客的平面。

值得注意的是，与主体的消失不一样，革命话语并没有在鲍德里亚这里消失。相反，正是在《论诱惑》一书里，他以类似暗喻的口吻，通过对基督教反圣像运动的分析，谈到了革命的可能性问题。基督教里，破坏圣像者反对将基督、圣母圣像化，理由是圣像会取代真正的上帝的形象，要光耀上帝的真理就必须破除外表，但这个运动最终却以失败告终了。鲍德里亚（2011a：90）认为，破坏圣像者之所以失败，热爱"外表"者之所以成功，来自一种直觉："人们只能依靠一种变质真理的想法而活着，这是唯一依赖真理为生的想法。另外一种想法是无法忍受的（恰恰是因为真理并不存在）。"外表（圣像的诱惑）不应该排除，因为一旦排除，上帝的缺席、真理的缺席就会暴露出来。而革命的问题与上帝的问题一样，今天保持革命的最佳诱惑，就是宣布革命不可能，让一切都与之对抗。这是拟像时代保持"革命"的唯一的方法。

也就是说，"解释世界"意义上的主体性与"改变世界"意义上的革命本来是拆解不开的，无主体就无革命，但对于鲍德里亚而言，当主客二元架构已经被消解，当主体已经压平进客体的平面，革命实践就只能以革命话语的方式存续。换句话说，当资本成为统治一切的力量，那么传统的颠覆性革命就失去孕育的基础，要弥补革命的缺位，只能靠对革命话语的不断激活，哪怕这种激活是反向的、否定的。而也许恰恰是因为是否定的、恐怖主义的，"革命"才能获得更大的公共性，才能保持一个薪火未尽、依然在场的状态。从这个角度讲，诱惑概念至少发挥了两种功能：一是作为对主体性问题的鲍德里亚解答，消除了主客二分的形而上学架构；另一个则是在这种架构已消除的情况下，产生了一种隐隐然的、表面对真实的召回。正是在革命与后现代语境的违和感被激化之时，消解二元结构的诱惑所隐含的颠覆性意义被彰显出来。

二、物的胜利：消解主客体矛盾的翻转

拟真提供了主客二分之外的世界样态，模棱两可性建构了一种消解主客体性原则。对于这个形而上学设定，从50多岁开始学习摄影的鲍德里亚找到了一个最佳应用场景。在对摄影中拍摄者（人）、被摄对象（物）的分析中，鲍德里亚展开了其消解主客结构的演绎。因为主客关系中，主体是主动性的一方，主体是人不可逃脱的视角，因此鲍德里亚对这个二元结构的拆解是通过站在"物的视

角"上实现的,也即通过建构物作为"大写的他者"角色,将拍摄人还原为被物诱惑者、物的从属者,实现人与主体的剥离。在这里,鲍德里亚仍然使用"主体""客体"的概念语言进行表述,但理论意图是通过颠倒主客关系这种极端方式来爆破主客二元架构,深层上,是以一种彻底的翻转来解决主客二元的对立。对摄影的论述,鲍德里亚大概围绕两个层次展开。

第一个是,物超越了主客结构。

一系列以"物"为主题的拍摄是鲍德里亚最具辨识度和知名度的作品。在那张著名的红色沙发照中,沙发占据了画面九成的面积,扶手甚至溢出了边框,巨大红色扑面而来,对观者产生了一种潜在的威慑。从构图可以明显地感受到,这一红色之物既不附着商品符号,也不承载艺术意义,完全以自在之态呈现。在另一幅名为《圣克莱芒》的作品中,沉入水下的黄色废弃汽车同样"大"到溢出画面边缘,变形的车窗架因为露出水面,产生了一种刺破画面的错觉。没有车牌号,没有品牌符号,没有任何属人的信息。与现代社会滥觞的、附着大量商品符号的汽车摄影不同,这辆"车"几乎没有留下由人生产、消费甚至拍摄的痕迹。

这两张照片非常经典地呈现了鲍德里亚"物的视角"和传统主体视角的根本不同。在主体视角中,一切物都是对象,是用以附着时间、纵深、感情、观念、价值、意义的对象,是被表征的内容,有主体才能使事物显现;但一旦抛却主体视角就可看到,物有纯粹的自足性,像照片中这张红色沙发一样,是"不以我为必要的东西""没有我也足以存在的东西"(鲍德里亚,2007:126)。摄影寻求准确表达被摄物的要求,提供给人反省主客关系的瞬间契机,让人意识到,客体是主体定义的,而物的自足性超越了被主体定义的客体的限度。摄影告诉我们:"不以我的意志为存在的东西才是真正的大写的'他者',才真正是根本的他者性。"(鲍德里亚,2007:126)

因此在鲍德里亚看来,如果要实现摄影的内在规定,摄影者必须服从于这个"大写的他者",寻求一种不在场性,而这背后,是主体的退隐和消失。唯有主体消失,才是摄影最终可能达成的关键技法,"一切都在消失的技法之中。只有以消失的模式生成的物体才是世界的他者。再者,这个消失留下了痕迹,而且成为了大写的'他者'、世界、物体所出现的场所。这的确是'他者'存在的唯一的方式——这只能以你自身的消失为基础"(鲍德里亚,2007:126)。

在此,物被赋予了超越主客结构的角色。在消费社会理论中,物超越了物品层面,成为宰制和支配人的"全套的物";在符号政治经济学中,物超越了使用价值而获得了符号/价值,通过操持代码来建构社会;在拟像与超真实的理论建构中,真实消失在代码无限的复制和增殖中,主客体被压平在超真实的水晶球中,一切都因为失去距离而变得过度透明。而在关于摄影的分析中,鲍德里亚将物的胜利进一步极致化,使其成为自己超越现代性问题的关键杠杆。

第二个是,与物的超越相对应,宣布主体的从属与多余。

摄影中,大写的物已经超越了"主体"的宰制,不再需要"主体"赋予意义,主体的存在对于其是多余的。你认为你只是因为喜欢某个景色而把它拍了下来,可是,希望被拍摄成照片的其实是这个景色自己。"这个景色在表演,而你只不过是配角而已。"如果拍摄者固守主体优越性，不能驱除主体的视野与判断，不能享受自身的不在场，那么就无法"成为一个好的媒介"，无法使摄影在真正意义上成立。

"主体"不仅是多余的，而且成了被"大写的物"诱惑的对象。或者说，拍摄者已与传统意义上的"主体"相脱离，而成为从属于物的对象。鲍德里亚（2007：125）如是描述物是如何诱导拍摄者的："把某个对象变换成照片，就是从它上面逐一剥下所有的特性——重量、立体感、气味、纵深、时间、连续性，当然还有意义。以这样的剥下实际存在的特性为代价，影像自身获得了一种诱惑的力量，成为了纯粹地以对象为意志的媒介，并且以穿透事物的更为狡猾的诱惑形态，将其展示。"在物自身需要成为照片的进程中，它以剥离特性、赋予意义为诱惑，让摄影者以主体的身份成为拍摄中的要素。

将摄影放入鲍德里亚的理论逻辑中可以看到，"主体"在摄影中被诱惑的过程，是人在资本社会中被淫荡的、无限增殖的物宰制的过程，是主体被吸附和打碎于拟像世界的过程。正是在这个物盛的社会里，人之为人的意志、意识、情感、自由被吸入 0 和 1 二进制的代码旋涡里，留下了"一种模糊的、漂浮而无实质可言的主体性"（鲍德里亚，2017：70）。鲍德里亚以斯芬克斯之谜的故事作比：过去是斯芬克斯（非人、客体）向人提出关于人的谜语，也即物等待人来决定它的生死，当俄狄浦斯（人、主体）正确回答之后，斯芬克斯绝望而死。现在则是人等待着斯芬克斯决定生死：

　　人向斯芬克斯——这个非人之物——提出关于非人的问

题,关于宿命、关于世界对人类事务的冷漠、关于客体性律令的无常。而客体(斯芬克斯)比人要狡猾得多,它几乎不作回答。尽管如此,物在违背规则或阐明欲望的时候,势必是已经悄悄地为某些谜题给出了答案。(鲍德里亚,2015c:275)

晚期鲍德里亚一直以一种颠倒性的方式面对法国哲学的问题域。有人评价其为游戏性的,也很贴切,实际上是以退出游戏的方式进入游戏。当激进左派拼命挽救主体性的时候,鲍德里亚却断然宣布物已胜利。当前者反复纠结于观念与存在之间的认识论断裂的时候,鲍德里亚却提供了一种"致命的策略",即站在物的角度杀死主体,通过将主体置之死地而使断裂消失。他在描述摄影中的主客关系时,轻松却又带着一丝苍凉来谈存在的不可知,"影像反映出纯粹的事象,结果,世界作为不可解读的明确性出现了"(鲍德里亚,2007:127),与之相对,"主体付出了前所未有的努力,否定自己的他者性,只存在于自己的身份的局限当中"(鲍德里亚,2007:130)。因此,唯一方法只能是这样的,"客体为了被把握,主体必须放弃他所掌握的。然而,那里有着主体的最后的冒险,最后的机会。在世界的反射中放弃自己,在这之后在此中绝对占领表象的场所的机会"(鲍德里亚,2007:127)。这意味着,只有主体消失,将意义、意识这些主体规则剥离干净,归还物的世界的非人性、自足性,认识论的断裂才会消失。

与其说认识论断裂问题被解决了,还不如说问题本身被取消了。这种"解决"是鲍德里亚理论演进的自然结果,他终身力图构筑的形而上学原则,是象征交换、诱惑。其逻辑是交互的、模棱两可的、非镜像的(主客无分的)，用以对抗的逻辑则是生产的、线性的、政治经济学的、镜像的(主客二分的)。与这种逻辑相伴随的，是符号-物始终在其理论中处于中心位置的现实。这二者决定了，他只能采取使主体溶于物的方式来解决主客问题，以及与之伴随的观念与存在的断裂。晚期对摄影的论述，也是对上述逻辑在一个合适场景下的极端化推演。一个摄影者(主体)悍然要求自我消失以维护被拍摄物的神圣与完整，这是不是主体性强韧在场的另一种呈现，是不是可以理解为对物之强大的讽喻？可以说，以思想的暴力来反抗符号的暴力，正是鲍德里亚之为鲍德里亚的地方。

三、消失与唤回：无主体的"革命"如何可能

> 一切固定的僵化的关系以及与之相适应的素被尊崇的观念和见解都被消除了，一切新形成的关系等不到固定下来就陈旧了。一切等级的和固定的东西都烟消云散了，一切神圣的东西都被亵渎了。(马克思，恩格斯，2009b:34—35)

马克思《共产党宣言》当中的这段话，也如同一个共产主义的幽灵，始终萦绕在鲍德里亚的理论中。似乎还没有哪个当代哲学家像晚期鲍德里亚一样，把"消失"放置在理论的中心位置。

消失不是灭绝，不是枯竭，不是消亡，后三者都是物理或自然意义上的范畴。消失是主体的碎裂和多余，作为意识、意志、自由的主体性成为明日黄花，既无对立物，也无客体，在拟像形成的反射平面上空留模糊的影子。内在于主体哲学当中的"真实"同时伴

随消失。大量数据计算取代了思维,数字图像和虚拟图像取代了摄影,人工智能取代了人的智能,肉身成了代码化社会的组件,大众通过融入屏幕来蚕食自身,"借助于对具有无限可能的心理和物质技术的发挥,人类得以达至自身能力的极限,也恰恰因此而消失,让位于一个将其排除在外的人造世界"(鲍德里亚,2017:65)。在变为符号-物的纯操作性后,世界不再需要"我们"的表征,也不再有表征的可能。

超真实是鲍德里亚用以概括这一现代性状态的形而上学概念。超真实的拟真秩序与传统的意义系统已经是两套不同的秩序,意义的秩序是与主体性哲学相伴随的,有表象与本质的距离,有客体对主体的异化,有同一性和总体性的辩证法系统。超真实的秩序是平面化的、模型化的符号系统,"他者,客体,消失在科学的地平线上。事件,意义,消失在媒体的地平线上"(鲍德里亚,2015c:120)。从意义系统进入拟真时代,就如同传统的镜子换成了现代的荧屏。镜子是意义系统中的重要哲学媒介,是主体想象的再生场所,而荧屏(网络、电路、录音和调控系统)则是主体消失的场所。

"超政治"(鲍德里亚,2015c:31—32)则是鲍德里亚形而上学原则在现实政治领域的应用。主体性哲学与革命实践紧密相连,后者是前者"解释世界"后的"改变世界"。同样,鲍德里亚的"消失"理论也是对现实政治实践的理论回应。鲍德里亚(2017:24)认为,超政治是与"生产模式"相对的"消失模式",是信息高度透明和资本高度吞噬带来的"霸权","是被解构世界的所有结构的透明和淫荡,是被解构历史化世界变化的透明和淫荡,是清除了事件世界信息的透明和淫荡,是网络滥交社会空间的透明和淫荡,是大众社会恐惧政治下肥胖和遗传的克隆身体的透明和淫荡"(鲍德里亚,2015c:31—32),有着横扫一切的力量。作为现代性代表的西方社会,正在通过全球化的网络构架与普遍性的技术接口,将世界纳入超真实的水晶球。

就像拟像系统与意义系统已经完全无关,这种超政治(霸权)与政治(统治)(鲍德里亚,2017:24)也已完全不一样。"统治"是黑格尔哲学意义上的政治实践,可以经由对立面、力量关系和内在矛盾得到定义,由否定性获得定义,危机、暴力、革命就是政治中的否定性力量。但霸权吞噬了一切否定性,吞噬了主奴辩证法,是"一种摆脱了任何合法性与代表性,甚至摆脱了统治和权力本身的超级力量——一种至高无上的权力"(鲍德里亚,2017:25)。

传统的政治"统治"通过对立的力量打开"辩证性的角度",但"霸权"已经没有对称性的力量,已经不需要再使用压迫或异化的方式使别的力量屈服,只需将资本的积累、增长、生产和繁殖推向全球化。这种符号的繁衍、资本的增殖甚至是以"善"的方式进行的,因为它以理性、科学和技术的名义支配和掌控一切,而消失的事物因为包括疾病、暴力、威胁和所谓的野蛮,因此被以消灭"恶"的方式扫荡。因此,这个进程在任何意义上都已经变得不可抗拒,"贯穿当今时代所有的暴力事件、反抗事件、虚无事件(从'9·11'事件到全民公投否决欧盟宪法或是2005年法国巴黎郊区骚乱)不过是陈旧、残余的例外"(鲍德里亚,2017:27),无法与拟像时代的"霸权"产生对等力量,因为后者的整体性使得全人类都变成了人质,又产生了无人有能力负责的状况——无论是个体人还是国家权力。

否定性——无论是批判、公决、抗议还是街头革命，都被纳入了资本社会自身的弹性，这是当代持批判理论的哲学家都意识到的现实，传统颠覆性革命的可能早已式微。从鲍德里亚自身理论的演进看，极端反主体性的理论倾向和彻底拒斥政治经济学的思路，都使得他的思想形象更像是一个恐怖分子而非革命者。但如果我们充分代入鲍德里亚物的视角和表面视角，代入超真实和超政治的视角，就会发现他的激进性是立足于其理论逻辑展开的，即以消失和唤回来寻找挽救的可能。或者说，他在反本质的、拟真的视角下重新定义了一种"革命"。

这种"革命"，就是站在物的角度将拟像的逻辑推演到极致，将现代性逻辑推演到过度的状态（鲍德里亚称之为淫荡），跟随无限繁衍、不断极化的物的逻辑，以期暴露出资本的内在背反。主体已然破碎，只有站在物的一方才能实施一种"致命的策略"，只有立足于消失，才可能产生唤回的话语。用鲍德里亚自己的话就是，消失应该"恢复威力"，"并非作为存在的终结维度，而是作为其内在维度甚至是不可或缺的维度"（鲍德里亚，2017:72）。

我们可以站在鲍德里亚的视角上再次回看一下马克思。

西方马克思主义哲学家们曾反复辩论的事情，是"两个马克思"的断裂。一个是早期以《1844年经济学哲学手稿》为代表作的人本主义的马克思，一个是晚期以《资本论》为代表作的持经济规律的马克思。也可以说，早期的马克思有鲜明的主体革命思路，这一哲学思路下诞生了《共产党宣言》这样的革命者圣经。而《资本论》时代的马克思，不再谈革命和无产阶级，而是以冷静的现代性批判,系统地对资本主义的内在规律进行推演,直到其自爆内在矛盾:资本主义经济危机。正如詹姆逊在《重读〈资本论〉》中所精准概括的,马克思的分析在悖论上体现出巨大创新点,资本主义开放系统被证明是封闭的:

> 换句话说,资本主义的开放性在于它的扩张运动(积累扩张、占有扩张、帝国主义扩张)。但这运动也是一个注定的毁灭,是一个必然事件:这个系统不能不延展;如果稳定下来,它就会停滞、消亡;它必须继续吸收所经过的路上的一切,把此前外在于它的一切变成内部事物。(詹姆逊,2018:149)

这是一个很深刻的解读。《资本论》论证了资本主义是一个总体的制度,不公正与不正义是内在于这个系统本身的,永远不能被改良。因此,"资本主义体系的批评家对它的危机和不公正的反应都仅仅是修改它,由此希望改良它……为了延长它的存在时间而对它进行的修改,结果必然会强化它、扩大它"(詹姆逊,2018:149)。马克思所证明的资本内部批判与改良的不可能,也是鲍德里亚所言的超政治吞噬一切否定性的状态;马克思对资本越加速扩张就越快接近自我毁灭的判断,在某种意义上,一直是鲍德里亚不断将现代性推演到真实消失的动力。

应该说,包覆马克思理论,始终是鲍德里亚的理论意图;马克思的理论逻辑也始终是鲍德里亚批判理论中的草蛇灰线,即便这个逻辑的政治经济学基础被鲍德里亚自己爆破了。早中期的符号政治经济学,是为了涵盖马克思主义政治经济学之后的视域,将马克思的政治经济学作为符号/价值的史前史;而媒介批判中提出的"拟像三等级"——仿造、生产、拟真中,生产阶段即鲍德里亚放置马克思主义政治经济学的历史位置。生产阶段中,流水线和系列化生产出现,正是在马克思提出的扩大再生产中,原型和仿造物的区分开始消失了,等价交换原则普及了,生产线上的无产阶级得以组织革命。其后,鲍德里亚构建的拟真阶段出场了,模型先于真实的符号时代到来,"消失模式"取代了"生产模式"。在这个阶段,符号已没有复制对象,完全是自我复制,恐怖主义袭击与电脑病毒专属于这个阶段,已经不再代表一种传统的政治势力,而是在无限次复制中创造一种恐怖氛围。在此可以说,鲍德里亚始终在一个"将马克思资本批判推到下一步"的逻辑上。

对于作为马克思"下一步"的拟真阶段,鲍德里亚清楚地表达了资本在自身逻辑中走向毁灭的场景,"资本是现实原则最纯粹的表达。它本身已经成为现实。它生产出现实,它变成了现实,但也在自身消失时令现实一道消失。它成为现实的过程与它吞噬现实的过程是同一过程"(鲍德里亚,2017:29)。数字的、电子的、拟真的抽象化让资本社会超越物质的阶段,但同时也在同一过程中使其走向毁灭,"在其高级形态中,资本追求越来越高的抽象化并因此力求摆脱或许尚属于现实的这一旨在使交流减速的机制。它牺牲了这一机制,也因此牺牲了自己"(鲍德里亚,2017:29)。最终,其结果是内在于资本逻辑的,"世界与人类都彻底消失了"。

一个值得注意的现象是,鲍德里亚使用了"超-"(hyper)概念群,无论是超真实,还是超政治,或是《论诱惑》中曾出现过的"超级拟像"。对此,近两年来,夏莹、胡大平等哲学学者提出了"超级现代性"问题,认为超级现代性意味着现代性自身的过度发展。这里的"超"不再是 super,而是 hyper。super 是超越性逻辑,是扬弃的过程;hyper 是极致化演绎、过度推演。鲍德里亚被看作超级现代性的代表人,他的"超-"概念群清晰地描述了资本逻辑发展到极致之后可能出现的种种现象,即现代性极限化的演进逻辑(夏莹,2017)。这个概念的提出,有助于厘清"后现代"和"后现代理论"的模糊性,重整了后现代的说法,强调了后现代实际上是现代性的延长,更提供一个重要角度,让人看清难以归类而又拒绝"后现代主义牧师"名号的鲍德里亚,与马克思、与西方马克思主义的承袭性。

即使这种承袭只是在鲍德里亚的反复颠倒与游戏态度中显露出的一线光芒,但马克思的基因始终自带鲜明的辨识度。当"两个马克思"中的第一个"马克思"——《1844 年经济学哲学手稿》和《共产党宣言》中的马克思,已经被包括鲍德里亚在内的后继者解构殆尽,当主体性哲学已经走到山重水复疑无路的困境,鲍德里亚站在极端反对前者的立场上,有意无意地选择了第二个马克思的遗产,即将现代性推演到极致,以期内在背反的出现。只不过,剥离了政治经济学的基座,这种极致化推演只能寄托于空无主体性的"诱惑"和通过"消失"再唤回的哲学预言。

在生前最后一部著作《为何一切尚未消失》的起首,鲍德里亚正是以这种末日预言的方式来谈论"消失":

我说到一个地点,是因为它已经消失;

　　我说到一个人,是因为它已经死亡;

　　我说到时间,是因为它已不再存在;

　　我们来谈谈人已然从中消失的世界。(鲍德里亚,2017:63)

　　鲍德里亚认为,概念是事物开始消失时出现的。后革命时代,他正是在用哀叹不断唤回,实现对革命话语的一种留存。在"一切等级的和固定的东西都烟消云散了"背景下,这种幽灵般的召唤就像一种提醒,也许共产主义徘徊的幽灵始终未曾远去。

第五章　鲍德里亚媒介批判的当下审视：
理论及现实

　　抖音平台最佳的视频长度是8—15秒,为的是在受众指尖的快速滑动中实现完播率。……这是鲍德里亚的迪士尼公园的液态版,那些跨越时空的海盗、城堡、边塞、飞船,曾经在迪士尼公园里以超时空的方式并排陈列,现在则以虚拟方式更自然地堆积在一起。扁平化的堆积,让上帝与口红处在了同等的符号地位,也让巴黎圣母院大火的历史痛感还未来得及生成,就消失于下一条吃播。

以"消失"唤回,鲍德里亚在媒介批判中打开了充满悖论感的命题。这是一种激进性的预言,也是对资本本性——为了快速消费而生产,为了快速消失而建构——的深刻揭露。这个警告,在鲍德里亚去世后不但没有式微,反而越来越尖锐地回响在互联网媒介狂飙突进的今天。尤其是,新冠肺炎病毒从天而降,在某种程度上重塑了人类历史,强制式地、整体性地强化了人的媒介生存,更真切地展示了鲍德里亚所言的主体与物的过度逼近、高度透明。注意下面这些随手可得的事实:

2020年一季度在全世界经济衰退,中国经济数据出现改革开放以来首次倒退（-6.8%）的情况下，规模以上互联网企业仍然实现业务收入增长 1.5% 的"好结果"，大型短视频平台 B 站的营收甚至同比增长 69%；在文旅、餐饮、零售等实体经济遭遇重创的情况下，直播经济迅速崛起，成为新的风口；在电子支付、线上消费已经普及的情况下，就在近期，数字人民币已经开始试行。此前，人们还能感受到二维码的世界正迎面走来，还有"在真实和复体之间的距离、在自身和他者之间的扭曲"（鲍德里亚，2011a：101），而现在，疫情已不由分说地把生活压入一种数据状态。

首先，是社会治理的高度数据化。大数据手段在此次疫情防控中的重要性已无须赘言。此次防控稍高一筹的地方，无一例外都是有数据治理工具箱的地方。而这些治理工具箱背后，无一例外可以看见互联网大型技术——媒介平台的影子，数据化治理与平台依赖形成了正相关。

其次，是经济的整体线上化。疫情对经济社会的深度调整可能已经超过以往数年有目的的调控。几乎就是转眼之间，金融业推出"零接触贷款"，餐饮业推出"无接触配送"，文旅业出现"云旅游"，高考拟推"云测试"。数年后再回顾此时，很可能会有研究者将其看作某些线上经济新模式的"元年"。

最后，是生存方式的"云化"、媒介化。如果说此前我们过的是选择技术的生活——若能忍受不方便，也可以不选择在线；现在，却不得不面对一种技术强制，不得不学会面对一个以二维码做表征的世界。甚至，疫情所带来的极致线上化状态也让人联想，未来，"霍金式"的生存也是可能的：哪怕不说话，哪怕不能动，但在另外一个空间里也是完整的个体、英雄的角色（刘文嘉，2020）。

立足当下再审视鲍德里亚的媒介批判,他的理论杠杆无疑有了更多应用的空间,更准确地说,有了更多潜在的应用诉求。虽然作为一个思想上的"恐怖主义者",他的建设性明显不足,但其敏锐的、前瞻性的批判,却为当下互联网媒介生存状态下的资本新形态提供了一种预判,对这个状态下的社会治理、知识形成、公共讨论、个体生存提供了深刻的警示。包括鲍德里亚在内,西方马克思主义以来的左派哲学家的批判理论都有强烈的时代介入性,我们需要在他们竖立警示牌的地方驻足,思考实践中该如何寻找新的可能。这是一个外延很大的问题,在这里只是浅层次点出一些理论与现实可能结合、延伸的方向。

第一节　新媒介成为资本的架构方式

2021 年 2 月,一个由媒介平台向主权国家发起的挑战引发了全球范围内的关注:社交媒体巨头脸书宣布不再允许澳大利亚人利用该软件分享新闻链接。事情的前情是,因为互联网抢走了传统媒体的广告费,澳大利亚政府立法要求社交媒体向澳大利亚纸媒缴纳新闻费用。活跃用户覆盖 30 多亿人的脸书毫不让步,立马反制。澳大利亚一名部长称,这种争斗是"对主权国家的攻击"。

消息无时差地传回国内。在同为广场式社交媒体的新浪微博上,大部分跟帖站在脸书一边:"澳大利亚吃相太难看","难不成网店还要补贴实体店,打字机公司是不是要补贴代写代抄的工作人员?"一个网友戏谑地预测:"事件后续:脸书公司约谈澳大利亚政府,澳大利亚政府同意整改法律。"

他说对了。五天后,事件的后续消息出来了,经过和脸书的谈判,澳大利亚政府在最后一刻对拟议中的《新闻媒体谈判法》进行了修改,将考虑谷歌和脸书等数字平台已经与当地新闻媒体企业达成的商业协议,然后再决定该准则是否适用于这些科技巨头。是的,就是"整改法律"。

这条新闻的前情后续都不长,但完整地展示了当下新媒介平台的生态与特征:第一,是超国家的,穿透政权和组织。它超越国家、民族、种族,形成人类有史以来最大规模的社群:全球人口70亿,每两个人中有一个用脸书,每5个人当中有一个用微信,每10个人当中有一个用抖音或 TikTok(抖音国际版)。

第二,是超治理模式的,既难以纳入国家治理,也难以纳入传统的国际组织或政府间组织协调模式。像麦克卢汉(2019:246)说的,旧媒介终将变为新媒介的内容,但这一过程该如何建立使用和补偿模式,如何确立界限,目前都无定论。

第三,也是最重要的,它是资本、媒介、技术三位一体的。脸书以禁止澳大利亚人分享链接的方式反制澳大利亚立法,因为它90%以上的收入来自移动端广告。它是一个媒介面孔下的巨大的资本流动平台,而且,也拥有一个庞大的数据库。这个数据库曾一度处于封闭和垄断状态,搜索引擎无法进入其内部进行搜索。类似情况一样存在于中国的几大新媒体平台。

似可这样总结,新媒介已经变为资本的架构方式。在媒介批判中,鲍德里亚的关注点从实体物走向符号,从符号走向虚拟(媒介），一路勾描资本不断进阶的过程，媒介构筑的超真实最终成为描述资本高阶状态的落点。资本主义自诞生以来，就以方生方死为存在方式，每一次生产都是为了快速将其消费，每一次建构都是为了快速使其消失，鲍德里亚反复强调的"消失"就是对此的精辟概括，"它生产出现实，它变成了现实，但也在自身消失时令现实一道消失。它成为现实的过程与它吞噬现实的过程是同一过程"（鲍德里亚，2017：29）。当以消失速度为获利的唯一途径时，媒介（拟像）最为符合这种逻辑：速度是最快的，能把一个问题迅速推到热搜榜，时时更新，时时消灭；包裹是全方位的，智能终端已经浸入生活，把人的一切行为流量化，而流量就是符号流动之下的资本流动。

工业时代的经营模式和资本运行在虚拟媒介中发生了彻底转变。想想看这个场景：全球最大的出租车公司优步没有一辆车，最有价值的零售商阿里巴巴没有任何存货，最大的住宿提供商爱彼迎名下没有任何房产，资本运行全部媒介化，消费场景全部线上化。如果说马克思在 19 世纪对资本逻辑和内在矛盾的分析可以看作一种实体性的资本批判，那么鲍德里亚的媒介批判可以看作一种针对当下的虚拟资本批判——虽然是以剥离政治经济学的方式进行的。针对今天媒介、资本、技术的三位一体状态，鲍德里亚提出的两个问题需要做延伸思考。

一个是对现代性中技术与资本的关系做再审视。近代以来哲学家对技术的哲学评价大致分为两个方向，一种认为技术作为现代性的"物质框架"不断助推现代性实现跃升，一种认为技术的现代性（工具理性）与人的解放的现代性出现悖谬。鲍德里亚的观点与后者一样持批判态度,但却超出了后者异化论的思维方式。技术在拟真中极为关键,是拟真得以实现的模型,"科技的精准操作成为社会精准操作的模型"(Baudrillard,1994:28),又是拟真得以包覆全世界的基础,"在霸权范畴内,同样的科技关联,同样的一体化网络和流通网络,被全面普及的相同的交流与接口类型在世界各地构建。我们无法再为这一范畴设想任何与之对立或对抗的极点"(鲍德里亚,2017:25)。因此,从拟真(媒介平台)角度看待技术,可以说,技术使丰富的现实变成一个明确的统计数字,形成了一种系统化的秩序,而这种秩序正在由超大的媒介——资本平台联合主导。

以电子计算机、互联网为代表的第三次技术革命,尤其是以大数据、云计算、物联网、人工智能等为代表的第四次技术革命,是与媒介资本平台共生的。这一波技术革命除了改变了商业运作的模式以外,也通过其媒介属性,改变了人们认知和交往的方式。伴随着最近二三十年来科技创新出现的一些平台型企业的市场效应,与以往的市场垄断以及寡头"跑马圈地"现象已有很大不同。这些平台型媒介在市场上呼风唤雨、攻城略地的撒手锏,除了以往取得竞争优势的"先入"和营销手段以外,最主要的还是基于独特的、具有专利性的算法模型所产生的技术优势。当金融资本热衷于通过公共空间塑造共识和预期以推高股价;当互联网给予的不再是信息海洋,而是一个个信息茧房,个体被围绕着他的概念和信息规定;当数字革命一方面在创造更多组织方式和可能性,一方面却在推动形成集中化、有市场主导地位的国际多媒体"康采恩",更应该聆听鲍德里亚的提醒,将看似技术或文明演进的内在规律的东西还原为资本逻辑对技术演进路径的筛选，进而洞察这一波技术革命的政治意涵。

另一个是需要对媒介和资本的新型关联做再审视。鲍德里亚在媒介批判中不断重复的一个观点是，不能将超真实时代的拟像秩序等同于意义系统。在近代认识论衍生的意义系统当中，媒介或可理解为反应或扭曲现实的表征，或可理解为被权力或权力者操控的对象，总体来说是异化理论的思路。而鲍德里亚（2015c：125）认为："广告和民意调查根本上很难异化任何人的意志或意见；原因很简单，因为他们并不在这一判断所形成的意志和表征的时空中运作。"相反，人是符号系统高度抽象性的一部分，"每一个个体都被迫进入无区分的统计数据的一致性"（鲍德里亚，2015c：126），进入了"一切都简化至最简单的、统一的、没有其他选择的程式，即 0/1 程式"（鲍德里亚，2017：77），这是一种符号-物的胜利，是人被抽空丰富性、纳入流量化处置的状态。

这种流量化处置，是今天媒介与资本联姻的关键点。2018 年之后，"私域流量"成为互联网企业讨论的热词，成为互联网企业新的猎物。它相对于平台流量而言，是指品牌或个人自主拥有的、免费的、多次利用的流量。通常的呈现形式是个人微信、微信群、小程序。从计算平台公共空间的流量，到深入挖掘个体社会关系网络的流量，这愈加凸显了一个事实：互联网用户在使用产品时不仅是消费者也是劳动者，其所生产的流量、数据、注意力、内容、转发行为的劳动产品是隐性的，最终被互联网企业占有，后者再通过将这些东西出卖给制造商来赚取广告费或渠道费，实质上相当于剥削了用户的劳动。可以说，因为个体的生产以隐性的方式存在于消费中，并没有获得生产者的自觉，剥削率远远高于实体资本。

与此同时，媒介平台手握消费者和生产者的信息，还可通过售卖广告等多种形式来施展自身的影响力，比如特朗普 2016 年的竞选团队通过脸书精准定位拥有特定概念的信息茧房用户以投放恰当的竞选广告，并成功地与现实生活中"沉默的大多数"形成关联，助推大选胜利。资本与媒介联姻而成的平台正是如此，既不从事生产，也不进行销售，而是以渠道牟利。如果说资本的自我增值是由剩余价值的累积所带来的，那么当下资本的自我增值已经不再经手商品，而是只需要按照流量收取"过路费"。此时，仅仅针对商品的反垄断法已经难以涵盖这种新的资本生态，希望以国家层面的传统立法来规制超越现有治理模式的媒介平台，就会遇到前述澳大利亚面对脸书时的困境。

特别是在这次全球疫情之后，数据的生产加速替代了资本的生产。疫情产生了一种隔绝错觉，让社会生活仿佛回到前现代，实际上进一步解构了线下社群，强化了线上社群及其生存方式，进一步加速了数字资本的生产。当立足于传统消费场景的实体经济行业遭遇重创，数据越来越成为一种具有直接增值能力的资本，成为超越国界控制人的生活之方方面面的"看不见的手"，成为市场投资的指挥棒，成为公共政策的依据，成为社会治理的基本工具和抓手。在这种新型资本的宰制之下，人进一步被抽象为数据丛、二维码意义上的存在。

最关键的在于，这种资本的新形态必须具有媒介的属性，必须借助媒介属性展开。

一方面，资本只有快速流动才能增值，虚拟资本必须立足于巨量快速的数据流动之上,而今天,只有媒介形成的社交网络、形成的人与人之间的交互性才能够形成这样的数据流。大工业时代资本流动的基础设施是铁路、公路,重要动力是支持铁路、公路流动的煤炭、石油行业;现在,资本流动的基础设施是所谓的"信息高速公路"即互联网,与之相关的主要动力则首推数据与基于数据的算法。另一方面,媒介具有公共空间的属性,是形成意识形态的载体,能够形成与资本意图的合谋——即便鲍德里亚早就指出,媒介提供公共空间是误读,媒介已经不是意义和政治的空间,只是驱逐了意义的拟像系统,但资本有意无意利用的也是这种误读。当人们对媒介的印象仍停留在信息的提供者、真相的挖掘者、公共议题的裁决者时,媒介就还在被寄予公共议事厅的期待,只不过大家认为这种议事只是形式变了:由宏大的、线性的叙事进入讽喻和碎片叙事。正是在公共空间带来的安全感和正当性中,内容电商以媒介方式从容进入生活的方方面面,建构"需求"的意识形态;直播带货带来了一种剧场效果并有效利用了粉丝经济的心理,进一步完成对商品的文化编码。

将鲍德里亚的主体消失放置在今天的媒介现实当中理解,可见其曲折深邃之处。在鲍德里亚意义上,媒介成为资本的架构方式,已不能理解为哪一个群体、哪一种权力的有意操纵——这是主体性哲学的判断方式(现在主体已消失),而应该是一种裹挟一切的符号-物的胜利,是资本逻辑发展到超速状态对人的整体反噬。可以说,资本的本质规定仍然未变,但架构于媒介之上的新资本形态,其强大的生存弹性是已经让资本逻辑变成人类社会不可颠覆的历史宿命,还是如鲍德里亚所隐晦预言的,将在技术的加速发展和符号的无限增殖中迎来内在背反、自我颠覆？还是说，与这两者的确定性相反，这一切最终都会处于后现代标榜的偶然和不确定性当中？这是今天的现实摆在我们面前的题目，也是需要新的哲学反思的地方。

第二节　短视频语境下"真实"的建构

在脸书和澳大利亚立法之争的同一时间，同样一个来自海外的消息吹回中国舆论场：中国短视频博主李子柒的海外粉丝量又创新高。2月2日吉尼斯世界纪录官微发文宣布，李子柒以1 410万的 YouTube 订阅量刷新了该视频网站"中文频道最多订阅量"纪录。

本书第一章曾举过她的例子。2019 年 12 月，这位叫李子柒的女孩在互联网上迅速成为一种文化现象。分析她的微信公众号文章在不到一个月的时间内达到了 64 000 条，"李子柒"这三个字的组合迅速进入输入法。人们追索她的信息发现，近几年来，她在B站、微博、微信都有庞大粉丝群，在海外视频网站上的粉丝数量一度与 CNN 不相上下。有意思的是，此次被刷新的吉尼斯世界纪录，就是她自己半年前的数据。

随后，她的名字反复在舆论场沉浮，她带来的文化现象被从多个角度讨论，而且，讨论的质量明显超出了一般性的公共讨论。如果说一年多来有什么变化，那就是最初关于她的视频是否是"真实生活"的纠结逐渐消散了，对她背后团队运作的质疑式微了。更关键的是,这种消失不是因为问题有了"是"或"不是"的答案,而是因为问题本身被取消了。

也就是说,随着短视频时代的降临,尤其是新冠肺炎疫情下线上生存方式的快速覆盖,人们对短视频意义上的"真实"有了新的认知。人们逐渐接受,移动社交中的博主、UP 主、加 V 者背后,有着机构媒体一样的严谨团队,"意见"和"观点"是充分考虑过目标读者、数据判断和 IP 形象塑造后的推送。同样的道理,短视频风靡的原因,恰恰不是原生态的、粗糙的真实,而是经过精准镜头叙事的理想的"真实"。因为对普通人的生活元素进行了抽取和再次组合,它们像 VR 全景设备一样,让人们感受到了比肉眼所见更真实的"真"与震撼。

可以这样概括短视频的特征:非虚构和故事性。这两个在传统创作意义上相互矛盾的词汇,恰好形成了短视频的关键吸引力。可以看看李子柒的文化美食视频是如何运用这个特征的:

它们选取中国乡村场景,长镜头展示主人公劳作景象,这是非虚构性;同时,它们编辑了乡村的部分视觉元素,通过主人公的行为——修竹、采笋、酿酒、制衣等等,形成了一种建构性的田园叙事,这种叙事既不属于哪个具体地方,甚至也不属于哪个真实的时间、时代。但恰恰是没有具体地点,它构成了"家乡"的印象;因为模糊了具体时间,它被受众尤其是海外受众看成中国乡土文化生活的真实表达,而后者本来是分散在延展的历史中的(刘文嘉,2021)。

与这位姑娘再创"纪录"的新闻前后脚,一位叫丁真的小伙也因为十秒钟的视频火爆全网。20 岁的丁真走红纯属意外。他生活在四川省甘孜藏族自治州理塘县,到村口买方便面时,野性、羞涩、甜美、纯真的笑容被路过的摄影师捕捉到,迅速登上了热搜。这段不到十秒的视频,衍生出全网数百个话题,四川与西藏官微还半真半假地"抢人",由此引发了"丁真,我们在新疆等你""丁真,我们在浙江等你"等各地文旅部门的轮番邀请,以及云南、青海、陕西、湖南、湖北及东北三省等地争相"蹭热度""攀亲戚"的景观。

丁真在很短的时间内就成为当地的旅游大使,并开始"到县上上班"。但当他开始接受短视频拍摄的邀约时,网络又开始了新一轮的骚动。短视频时代的很多受众都已经明白,这段意外的十秒视频是一种非真非假的"真实",一个因为生活在偏僻落后地方的男孩,因为和普遍性的、现代性的城市生活有疏离,意外地成了一种地方性的代表。这种地方性和李子柒的视频所展示的一样,指涉物为空,所以不仅西藏、四川,连东北三省的网友都认为,丁真属于他们。人们发现丁真,也就是捕获他。这是一个悖论。当人们把他纳入一个网红体系的时候,其实也是在"消灭"他。

李子柒与丁真的视频,一个经过周密策划,一个似是意外偶得,但在建构"真实"上是相似的。如果这是前互联网时代的偶发现象,这种"真实"只能算是一种现实的投射,但在今天的短视频时代,不那么知名的"李子柒"和"丁真"已经数以百千亿计。到2020年底,B站月均活跃UP主(短视频创作者)数量达190万,月均活跃用户两个亿,快手APP内则已有200亿条视频。这些数字要同时参看播放数量和在线时间来获得印象:在B站,日均视频播放量是12亿;在快手,数亿日活用户每日平均使用时间是86分钟。鲍德里亚曾在 20 世纪 80 年代详细叙述的那场搅动美国舆论的"罗德家庭"电视秀,今天已经在短视频平台幻化出亿万分身。

短视频时代的来临和快速覆盖,从创作意义上讲,对中国故事的讲法和传播方式都提供了新的路径,同时提供了一个处于万物生长状态的新的创作者空间。但如果深入哲学层面,就会发现这种状态还是未经充分哲学反思的现实,无论是从业者还是巨量的受众,尚未有一种对其走向和可能性的自觉。鲍德里亚对拟真秩序的两个批判点,可能有助于哲学反思的达成。

第一点,拟真中历史性的消失。

鲍德里亚将拟真形容为"一种假性的精确、一种远距离下的共时性、一种场景的扭曲、一种过度的透明"(Baudrillard, 1994:28),它消解了主体和客体,也就没有与主客体伴生的物理距离和线性时间;它的模型先于真实,所以历史本身已被代码抹平。鲍德里亚认为,相对于传统的历史性的线性时间,今天,过去、现在、未来的三维框架被彻底消除了。因为一切都可以被预先模拟,过去、现在、未来都可以被先行拟真。就像木乃伊,本来是与其所在的时间场景共生的,它的真取决于它内在于时间;但在博物馆中的木乃伊,已经把人类漫长的线性文明共时性地呈现出来,形成了一种历史之外的超真实。历史性一旦消失,当然只剩下鲍德里亚戏谑的表面的游戏和空无的诱惑。

今天,短视频是以秒计时的。抖音平台最佳的视频长度是 8—15 秒,为的是在受众指尖的快速滑动中实现完播率。60 秒的"超长"视频只有达到万级以上粉丝量的号主才能尝试,因为这已经是一个在考验耐心的时间长度。想象这个场景:至少三亿 30 岁以下的青年①同时快速滑动抖音页面,指尖之下,是按秒切割的景观——脱口秀的一个梗翻过,接着是清朝格格的老照片,接着是特朗普的丑态,接着是矿难现场,接着是明星仿妆。当然,如果你在其中的一个短景观中多停留了几秒,下次推荐页面的主题就会进一步化约。这是鲍德里亚的迪士尼公园的液态版,那些跨越时空的海盗、城堡、边塞、飞船,曾经在迪士尼公园里以超时空的方式并排陈列,现在则以虚拟方式更自然地堆积在一起。扁平化的堆积,让上帝与口红处在了同等的符号地位,也让巴黎圣母院大火的历史痛感还未来得及生成,就消失于下一条吃播。

纵向的历史被横向平铺于海量的视频平台中,超出了电影时代的蒙太奇剪辑艺术。重要的是,这并不来自电影制作中那种周密的策划、人为的设计,而是人——无论是作者还是受众,很多时候二者还是重叠的——在过载的符号中的流动。不知身处何地,不知今夕何夕,没有透视本质的时间和可能,所以只有游戏性和偶然性留存下来。后者已经深入目前人们的生存方式中。

第二点,拟真中否定性的消失。

在鲍德里亚那里,经过仿造、生产、拟真三个历史阶段,资本社会的统一性最终归结到符号控制之上,生产本位的资本主义转向了控制论的新资本主义秩序,而后者是一种绝对控制。因为系统一旦生成,它就是抹平内在矛盾的——不再有与之对照的真实做参照,就是没有对抗物的。鲍德里亚多次提及这种否定性或者对抗力量的消失,否定性的消失与他的关键论点主体的消失是紧密

① 根据 2020 年抖音日活量数据和用户中 30 岁以下年轻人占比推算。

相连的，因为批判本身就是主体性的外在呈现。

借由短视频平台的扁平化特征，人人都拿着摄像头的时代来临了。有些从"下沉空间"成长起来的视觉平台，更有一种推动话语权平权化的意味。人们从破除话语垄断和知识供给垄断的角度看待它们，和认为互联网带来了信息红利与多元权利的看法，是相同逻辑的，也有现实基础。只是，这只是问题的面向之一。多元的表达主体并不代表意见的异质性、批判性，事实可能是多元的表达主体在用同一种滤镜、同一种措辞发出同一种声音。而且，因为视觉文化的消费性和游戏性，这种共同的声音往往起到了抹平和美化苦难的作用。

2020 年夏天，南方暴雨造成了严重洪涝灾害，波及 16 个省区 190 余条河流，受灾人口百万以上，安徽歙县洪水阻断孩子高考之路成为近些年高考中的罕见意外。然而这样一场灾害，在视觉称王的新媒体呈现中几乎是无声的，不但无声，甚至还处于一种审美对象的状态：广州暴雨，当地媒体发了一组图片，题为"雨后新城"，烟雨、高楼、灯光美轮美奂；广西柳州强降雨，一家粉丝量多达一亿的主流媒体官微，发出了"夏日田园好风光"的航拍，称"桂北大地绿如翠玉，美如画卷"。

借由高距离、广视角的航拍画面，摧毁街巷、吞噬生命的灾难变成了一种"美"。这些镜头都是"真实"的，但却不是来自"肉眼"的视野，而是恰恰取消了肉眼看到的苦难。它们形成了一种与视频和图像形式适配的浅表性的表达，一个手机上的美好世界，一种"萌"文化，以统一的滤镜、统一的高阔角度过滤掉了粗粝的痛苦，以这种"真"建构一种关于"善""美"的浅层叙事模板。

　　一种较为陈腐的批评认为,上述现象的产生来自新旧媒体的不同特质,即传统媒体更为关注严肃公共讨论和批判性话题,新媒体则是浅层次和碎片化的。实际上,传统媒体并不能和所谓"新媒体"形成二元对立的构架,它本身只是今天的媒介系统中的内容源之一,早已没有独立的生产和传播系统。真正的问题在于,当上述所谓"新媒体"已经成为包覆一切的介质本身时,否定性和批判性迅速消失了,消失于媒介的秩序,比如航拍、短视频已经以建构真实为普遍性的正当操作,会自动剔除现实的毛刺和违和感。一旦否定性消失,互联网上的多元话语也是同质化话语。若干研究现代性的学者都提到过的一个困境是,当费耶阿本德的"怎么都行"成为全球性口号时,恰恰多数个体和社会陷入了"别无选择"的生存状态。

第三节　喧嚣却"沉默的大众"

　　看起来怎么都行,实际上别无选择,这也是鲍德里亚对拟真下媒介属性的判断。从符号政治经济学批判时起,他就提出了一个媒介的悖论,"大众媒介是反中介的"(鲍德里亚,2015a:229),媒介的结构建立在这种界定之上;"它们总是阻止回应,让所有相互交流成为不可能……这是媒介真正的抽象性。社会控制与权力体系就根植其中"(鲍德里亚,2015a:230)。这里的意思是,交互性必须有双方对等的力量,而在拟像吞噬主体的情况下,再没有与代码系统对等的意志、思考、智力的力量,因此无法形成真正意义上的交互性。拟像之下媒介所产生的所谓公共舆论,不是对媒介的反应,而恰恰是媒介建构出来的无指涉物的东西。

随着他对拟真理论的展开,媒介的垄断和无交互性已经成为他进行媒介批判的前提。在中晚期著作中,他进一步认为,"大众"也是媒介的产物。民意测验、公共投票、社会评估这些媒介行为遵循统计的一致性,而不是个体意志、观念的反应,其所产生的过量和无用的信息又建构起了沉默的大众。在拟真之下,大众已经不是主体性哲学中被压迫和异化的对象,相反,它们变成了纯粹的客体,由无用的、超量的信息所建构起来的无声的客体,"大众的重量就像信息旋转的速度一样,持续增长,但他们的自我意识却并非如此"(鲍德里亚,2005:221)。

媒介,表面上加速交流,本质上却阻断交流;大众,表面上释放出更多的话语权,实际上失去了回应性。这就是鲍德里亚在拟像理论中提示的一种系统的虚无主义、整体的意义破坏。如果我们观察一下十多年来社交媒体诞生后中国舆论场的生态,可能会对这段话的现实性有更深的体认。

21世纪后诞生的社交媒介明显已经超出联通工具的范畴,而负载了越来越多的政治学和社会学内涵。它加速了人们知识获取方式的革新,改变了社交路径和习惯,使大众对"媒体"的定义发生变形,更将公共议事平台进一步迁移到虚拟空间。早在21世纪之初,人们就已经观察到,网络社群正在解构现实社群及其组织生活方式,通过新的社交媒介的作用,传统的"公域"和"私域"都发生了易位。现在,随着社交媒介平台的不断出新,这一切变得更加确定无疑,更多的声音、巨量的表达喷涌而出,辩论的热情和话语的快感,是前社交媒体时代无法想象的,似乎一切禁忌和规则都被打破了。

比如,社交媒体提供了生机勃勃的公共生活,又使得讨论规则难以达成共识。过去短短几年中,社交平台改变了传统公共讨论的模式,为后者提供了巨大的、自由的场域,但社交工具的翻新速度,却远远超过了公共讨论规则的成型速度。或者说,这种迅速喷涌出的讨论热情和刚刚摆脱现实规则的快感,让人们不愿意受制于任何框架,以至于近些年来,遵循什么规则来辩论,也成了公共辩论的常见议题。

再比如,社交媒体既助推了个体话语的自由和话语权的平等,又使得这种站队和撕裂变得更频繁、更加低成本。社交媒体的诞生,侧证了信息技术本身是有价值方向的。它们指向开放的信息流动,指向话语的自由和话语权的平等,从而一改印刷时代写作权力的垄断和写作者向大众训话的姿态。但也恰恰因为这种平等的降临,站队和撕裂变得简单易行,甚至被当成自由话语的表现方式,当成公共讨论的同义词。

如果仅从传播学角度理解上述现象,似可以总结说,媒介变迁背景下的大众舆论生态呈现出的是媒体泛化、受众分化、新媒强化、声音杂化。但如果回到哲学批判视野,回到鲍德里亚所提示的媒介"真正的抽象性"上来,就能发现,这种激烈的、剑拔弩张的网络争论又相当有"规律性",或者说,相当模式化。

在印刷时代,纸媒写作者和编辑者习惯于面向大众训话,现在放低了姿态,但也仍然可以自说自话、不被打断,始终有着一种话语优势。与之相比,社交媒介生于开放及信息的互动中,形成了一种公众票选的生存模式，其品牌建设框架、内容生产规律、同业竞争规则都建立在这个模式之上。无论是公共投票、热搜榜还是热推榜，其原始模板都是鲍德里亚曾反复提及的民意调查，它在今天的社交媒介中化约为观点更单一但情绪更饱满的票决。据笔者调查，针对各类新闻事件和实时话题，新浪微博每日由各种性质的微博账户发起的投票有几万到十几万起，参与人数达几千万人，但微博投票制作模板的选项最多只有 8 个，大部分投票只有两三个选项，选项基本是按照"同意""不同意""吃瓜"这三个面向设计的。将本来复杂的公共讨论进行了简笔画式的化约，在此基础上，又往往预设了答案。

随手举一个标准的微博投票案例。问：你认为某某事物（现象、专业）会一直存在下去么？选项：A. 一直会有；B. 很难了吧；C. 转型发展；D. 我有话说（意味着互动留言）。在这四个选项中，其实选 A 或选 B 的人都可以选 C，C 是一个比较而言有较高说服力的答案。而很少人会选 D，D 虽然是一般投票都会留下的再论证通道，但极少人使用。原因在于，整个投票模板就是为了降低讨论复杂度而设计的，"我有话说"是反向增加复杂度的选项，实际上和模板的秩序并不兼容。上述投票是相对比较理性的投票设计，一般机构媒体的微博账号会使用；更为自我的自媒体微博账号，选项的引导性会更强。

这不是哪一家平台的特征，微信公众号的投票与此大同小异。腾讯微信公众号的投票选项限额为 30 个，这种稍高的复杂度符合微信精英化平台的设定。但一般微信投票设定的选项仍然不多，根据笔者对一家主流媒体官方微信公众号两年的跟踪，其所组织的投票选项都在 5 个之内，有个别提供大量选项的，往往因为答案本身确实具有无限性，比如"你心中中华文明的象征有哪些"。一般性投票与微博投票的可选择性大同小异。也就是说，无论面对的事件本身多么复杂，对它的观点都会控制在媒介给定的几个限额内，一般无非是正反合三个选项。在巨量的、无处不在的社交媒体投票中，人们潜移默化接受的规训是这样的：首先，公共讨论约等于"选边站"；其次，只需要论点，不需要论证；最后，多数就是对的。考虑到社交媒体已经完全覆盖了生活，或者说生活已经完全内在于媒介，上述讨论模板是真正普遍主义的，形成了独立于角色身份与地理坐标的普遍一致性。

而在通过普遍票决实现"民主"的政治模式中，今天互联网大型平台媒介所扮演的角色更是惊人。当互联网联结已经成为社会运转的底层逻辑，内在于这种联结的媒介完全有能力"制造"结果，直给答案。一个典型的例子是 2016 年美国大选，特朗普团队聘用数字科学公司（Cambridge Analytica, CA）进行"微定向"投放竞选广告的事件，这一操作最终被论者评价为"脸书操纵了美国大选"。

CA 公司是脸书的裙带机构，其最著名的方法是将大数据分析和基于剑桥学者研究的用户心理画像精密结合起来，使政治广告投放达到史无前例的触角和准度。该公司曾公开宣称，自己掌握了两个多亿美国成年人的数据，每个"人"都可以被拆解为 4 000—5 000 个数据点，公司可以将这些数据与消费者数据进行关联——从选民登记数据到购物数据，再到枪支持有数据。

这种数据化的精准可以形容为"68 个赞看懂一个人"：赞了

MAC 口红的男性有很大可能性是同性恋，长期点赞 Lady Gaga 的人极有可能是性格外向的人，而那些点赞哲学相关内容的人则更可能偏内向。综合了海量的个体数据，凭借在脸书上的"68 个赞"，这个公司及其研究者可以准确推断用户的肤色、党派、信仰和性取向，每一项的准确率都在九成上下。特朗普的政治广告通过这种精准到原子化的定位推送到用户眼前，并被认为成功撬动了那些在大选中并不活跃的"大众"。据称，在特朗普与希拉里的第三次总统辩论日，特朗普的团队就为他的论点测试了超过 17 万种不同的广告语，以便通过脸书分析找到最合适的版本。

当年 CA 公司曾在公开场合宣扬大数据算法＋心理学的方式，直到两年后的 2018 年 3 月，才开始接受迟来的清算。它被曝非法将 5 000 万个脸书用户的信息用于大数据分析，并向他们推送非法广告和假新闻，用不当手段为特朗普赢得大选。脸书的股价因此暴跌了 7 个百分点，并必须接受来自股东的集体诉讼。很多论者认为，这是政治权力操纵媒介的结果，是票选腐败在新媒介工具上的一种放大，但很明显的是，今天的情况已经与古登堡时代和麦克卢汉的"电力媒介"时代彻底不同。当时，人们的判断是"政客通过媒介操纵大选"，这是当时的现实，也是主体性哲学思维方式的应用；而现在，判断的主语和宾语已经倒置，变为了上面所说的"脸书操纵了美国大选"。

具体说来，今天，一个竞选美国总统的人必须要借助媒介，后者有能力将现实的、有意志力的"公民""选民"抽象为无数数据点，再经过排序和组合建立结构性的关联；相反，具有海量数据和算法的媒介平台却不必一定依靠传统政治权力，或者说，可以随时赋权和稀释传统政治权力,制造公共空间和"大众"。据报道,CA公司也以同样的方式操纵了英国脱欧的票选,并受到了欧盟的谴责。可以说,其大数据基础上的算法始终虚位以待,等待传统政治力量自动寻求加入,而远不再是传统政治力量的工具,不是主体性哲学中意志力量对应的客体。

传统政治力量或许已经深刻认识到了这种媒介本身的权力,在大选中见证了脸书威力的特朗普最终选择了推特治国,某种意义上,是将最高政治权力化为一个媒介符号。当传统的驴象之争变成了媒介层面的驴象符号之争,鲍德里亚的观点显示出了一种解释力:过去我们思考的是"广告和民意测验是否已经对个人或集体的意志产生了真实的影响",在今天的媒介生存中,我们已经"不知道如果没有民意测验和广告,将会发生什么"(鲍德里亚,2005:219)。

这是一种不太容易甄别的状态,人们自觉话语权正在凸显,声音正在变得多元,但模板化的公共讨论恰恰是另一种意义上的弃权。这就像互联网联通一切,但人却更加原子化的悖论一样,像信息技术同时带来了多元化和大型垄断性平台的悖论一样,原因都在于过去那种通过目标设定来管理的社会控制,已经让位给"通过预算、拟真和不确定的突变并通过代码管理的社会控制"。鲍德里亚认为,今天人们以为已经摆脱了过去那种外部的强制权力,但代码的自由布展却形成了新的控制形式。正是在符号的暴力之下,才会有沉默的大众。大众的沉默,是因为代码控制下各种"民意测验、信息、宣传、统计"使我们处于"恍惚"的境地(鲍德里亚,2005:219)。在传统专制主义的暴政下,人感受到的是压迫和异化;在今天代码控制的社会中，人则进入了一种自愿的被支配当中，成为一种被算法的"微定向"准确控制的数据点。

　　还有一句更为刺耳的"鲍德里亚式"断言。在主体消失的拟真中，什么是大众？大众不再是主体哲学时代所谓的民意代表，它已经变成一个高度抽象化的范畴，"是社会性的内爆"，"大众是个与日俱增的浓稠场域，在它之内，社会被内爆开来"（鲍德里亚，1998：140—141）。也就是说，大众是在符号的自我复制和无限增殖中产生的一个结果，是增殖中产生内爆的结果，不是群体和群体意志的代称，而恰恰是主体和意义的弃权状态。在今天看似喧闹嘈杂的互联网舆论中，当人们以为已经在赛博空间再造了一个公共场域时，重新考虑鲍德里亚意义上的"大众"定义，别有警醒意义。

第六章　结语:消失能否唤回?

在鲍德里亚《海湾战争没有发生过》的英译本中,译者保罗·帕顿曾描述过一个颇具象征性的场景:当 CNN 画面切换到驻海湾记者,准备现场连线时,却发现对方正在通过看 CNN 的直播来找到他们自己(Baudrillard, 1995:2)。一个与之相似的场景是,今天,当记者带着镜头走进中国乡村捕捉真实故事时,却发现自己已经作为背景进入了正在直播的村民的镜头。

媒介正在确认或取消人的"在场"。鲍德里亚对此有着先知式的预判。从早期建构起作为"整体性的物",到中期关注符号的差异性操持,最终到确立拟真的形而上学原则,他一路跟随资本社会的不断加速和现代性的演进,始终保持批判的前置。他的独特之处在于,这种批判的前置性,是以致死思辨的态度、物的胜利的思路、激进反主体的指向、思想恐怖主义的写作策略实现的。这是他备受推崇也备受批评的原因,但这个选择,更是在一个世纪以来西方马克思主义理论整体转向中"挤压"出来的批判道路。

作为联结西方马克思主义和当代激进左派的关键人物,鲍德里亚面临一体两面的两个问题。在"解释世界"的意义上,这个问题是:主体性哲学还能否挽救？卢卡奇提出的作为阶级意识的主体性重新唤醒黑格尔辩证法,但让主体获得了一种绝对精神一样的无限性;法兰克福学派提出的作为文化乌托邦的主体性,挖掘了马克思异化理论的同时又展示了这个理论的局限性;当代激进左派最终空出了主体的空位,等待"主体"被事件或情境捕获。这意味着,主体已经不能认知和确认。

　　纵观西方马克思主义从诞生到进入后现代语境的近百年历史可以看到,其理论内部长期处于主体性哲学与结构主义的角力当中。先面世的《资本论》呈现了以生产力和生产关系为核心矛盾的历史动力系统,后面世的《1844年经济学哲学手稿》则展现了具有鲜明主体性哲学特征的异化理论,虽然这二者在马克思历史观中是根本动力与直接动力的关系,但这种分野仍然衍生了西方马克思主义理论贯穿始终的理论困境,并在阿尔都塞(2010:16)那里被直接指认为一种"认识论断裂":"1845年断裂之前是'意识形态'阶段,1845年断裂后是'科学'阶段。"在此,人道主义马克思主义将主体性力量放到最大,通过审美和文化乌托邦的建构,倾力呼唤克服异化的主体归来;阿尔都塞则以共时性结构来重新阐释"科学"的马克思主义,其背后则是列维-斯特劳斯、罗兰·巴特等结构主义理论家关于主体已死、作者已死的背景音。

　　结构主义将近代认识论哲学形成的纵向世界观变为一种横向的结构,将主体与客体、本质与表征的认识模式变为一种结构性关系,由此驱逐了人的意义。阿尔都塞将马克思生产力、生产关系等多层次的概念系统作为一个整体结构解读,使《资本论》的逻辑内在统一性更为凸显,因而具有相当的理论解释力。而与此同时,高扬主体性的人道主义的马克思主义却面临着一种深层的悖论:异化论预先设定了人的本质,这种设定与黑格尔保守的历史主义形成了一种共谋。历史的同质性、连续性的演进,正是一个被预设的人的本质实现复归、达成主体性的过程。这意味着,对于人道主义马克思主义的"主体"而言,历史并不是生成性的,而是一种预设目的的自我实现。也就是说,为了实现批判和革命而阐扬的主体力量,最终却成为维护现存秩序的保守力量。一进一退、"主体"之弱与"结构"之强,直接影响到晚近以来的批判理论家在主体性问题上的路径选择,无论是空乏主体还是设定情境中的主体,都或多或少带着结构主义留下的影子。而鲍德里亚彻底的、激烈的反主体思路,呈现了西方马克思主义这一内在矛盾最终的落脚点。

在"改变世界"的意义上,鲍德里亚面临的问题是:现实的革命性何在,或者说,政治实践中的抗争维度如何建立? 一个世纪以来,随着资本社会的加速成熟与自我调整,其内在弹性已经足够消化各种异质性的力量,革命的宏大叙事遭遇废黜。因此,自葛兰西、卢卡奇这几位最后的经典马克思主义理论家、实践家之后,西方马克思主义哲学家已逐渐与政治实践脱离,回归哲学批判传统,试图以思辨来解决实践问题的思路(一定意义上是前马克思的思路)成为主流选择。哲学与政治实践在马克思这里发生短暂的、历史性交融之后,复又奔向分岔路,历史似没有再造马克思这样改变数个国家、数以亿计大众的哲学家的意图。

西方马克思主义重回思辨哲学的重要表征,是放弃了作为现实革命基础的政治经济学批判,当然,这也可能是一种被动选择。但无论怎样,借用佩里·安德森(1981:62)的评价,西方马克思主义最终在经济和政治"这两个领域的重要著作方面所表现的学术成果,实际上是一片空白"。与之相对,从霍克海默、阿多诺到本雅明、马尔库塞,再到列斐伏尔、居伊·德波,西马理论家的主要批判理论都集中在文化艺术领域,丰富呈现了二战之后资本社会意识形态的整体图景,最终形成了宽泛意义上现代性批判的若干维度。一退一进之间,立足于政治经济学批判基础上的颠覆性革命的问题,最终被转换为意识形态批判意义上的保持批判思维的问题,现实的革命被革命的思辨取代。

在此过程中,一个有代表性的例子是马克思拜物教理论的再阐释。商品拜物教与资本拜物教是马克思主义政治经济学的重要创见,指出了资本社会当中物与物的关系对人与人的关系的遮蔽,进一步说,指出了在资本主义中,物与物的关系成了人与人的关系的显现方式。卢卡奇的物化理论继承了马克思的拜物教理论,视商品为社会构造的普遍方式,认为各种关系都进入了抽象的、系统的资本主义系统当中。但卢卡奇构建物化理论,最主要的目的并非分析革命的现实境遇,而是为了解决观念和现实的二律背反,使经由物化、克服物化、再复归于阶级意识的无产阶级,成为弥合认识论断裂的关键环节。再其后,德波将马克思的经济拜物教批判转变为景观拜物教批判,用以影像为中心的人与人的关系取代了以商品为中心的人与人的关系,实际上是以虚拟的视觉表象为本体,取消了商品及其背后的现实革命情境,虚化了马克思拜物教所指认的物质生产过程。鲍德里亚的媒介批判与拟像理论,正是经由这条幽深的路径出场的。

在一个世纪理论与实践的缓慢脱离之后,西方马克思主义及其学术后裔整体性地回缩到哲学领域内,重新将改变世界的路径斥诸解释世界,以保持一种观念的异质性、思想的批判性来呈现其激进维度。他们普遍不再关注问题的解决,转而关注如何保持问题的存在;不再关注系统的社会架构,转而关注事件和断裂。这是丰盛社会中一种激进性的凸显,但从另一个方面讲,同时强化了资本主义作为唯一选项的绝望感。

既然主体性与主体革命已经不能挽救,那就干脆站在客体的立场上,将资本逻辑推演到极致,看看能发生什么——这就是鲍德里亚最终选择的途径,一种"致命的策略",一种恐怖主义的方法。这个逻辑一旦建立,所有的问题都因为其"破坏性"迎刃而解,主体性哲学的问题被取消,本质与意义的阐释被一次性还给形而上学,符号-物的恐怖主义最大程度释放,符号的无限繁衍和超速增殖形成了一种吞噬一切的表面性。在与现实平行的理论世界里,他扮演了他所颂扬的"9·11"事件肇事者的角色,站在主体、意义和本质的反面,站在了客体立场,押注于表面游戏,超速撞向资本世界这个包覆一切的水晶球。

"致命的策略"最终最大化地展现在"拟真"与"消失"的媒介批判理论中。资本形成了一个吞噬一切的、过度真实的、消融主客的、流动着不断自我增殖的符号的扁平之网,最好的表征就是媒介。在鲍德里亚那里,这种表面游戏始终立足于屏幕之上。古典哲学中的意义体系必须是主体在场的,而拟真秩序是主体消失的。古希腊哲学意义上的伦理主体,笛卡尔意义上的理性主体,叔本华意义上的意志主体,拉康意义上的欲望主体,在拟真当中都已经是虚无。媒介由结构性符号组成,符号间的彼此关系形成了完整的自足性,不再可能是任何意志或意见的异化。人无法将形而上学要确认的"本质"从媒介中剥离出来,也无法将近代认识论以来的"真实"与媒介的统计、模拟和综合量化分离开来,更无法在这个平面之外寻求革命性,唯有和水晶球一起内爆。这就是鲍德里亚的末日预言。

这种预言之所以让人感到恐怖,是因为它试图以超速的预测来领先资本的加速。末日预言的方式,既是对马克思的背叛——从以结构主义改造马克思主义政治经济学开始,鲍德里亚就已经失去政治经济学基础,从而失去了"武器的批判";也是对马克思基因的另一种显现——符号政治经济学被鲍德里亚视作马克思主义政治经济学的下一步,拟真阶段被视作马克思大工业生产阶段的下一步,延续《资本论》的范式,极致化地推演资本逻辑以期抵达其内在背反(资本主义经济危机)时刻,可能是始终萦绕在马克思学术后裔文本间的思路。

《资本论》证明了资本内部改良的不可能,鲍德里亚同样反复强调资本社会吞噬一切否定性;马克思对资本越加速扩张就越快接近自我毁灭的判断,在某种意义上,构成了鲍德里亚不断将现代性推演到真实消失的动力。越到晚期,鲍德里亚文本中"消失"出现的频率就越多,一再强调事物在消失之后才能获得定义,一再强调"消失"要成为"存在"的内在维度,似厉声警告也似哀婉唤回。这是失去了实践哲学基础之后的一种思辨式选择,以退出游戏的方式参与游戏的被迫选择,戏谑的面孔之后是什么,滋味难言。

消失的主体在客体的胜利后还能否唤回?还无法回答。鲍德里亚设立的拟真时间,调快了资本社会的指针,这种"调快"作为一种批判过程,还敞开了很多可能性。哲学理论与政治实践以何种方式实现联结,马克思主义的内在张力还可以有何种开掘的角度,新的主体还可能是什么形式的,鲍德里亚的"消失"学都提供了更多想象的空间。同时,作为密切而敏锐关注现实,以介入性姿态进行批判的哲学家,他的媒介批判有着极强的针对性与现实性。当新的媒介平台不但成为资本新的架构方式,而且有了穿透国家和传统组织的能量,有了将人抽象为二维码、解构为数据点的能量,鲍德里亚所说的媒介"真正的抽象性",根植于其中的"社会控制与权力体系",在现代性批判中的力量可能才刚刚展开。

当人的生存加速媒介化,镜头与镜头互相嵌套,形成无穷深渊般的反身映射,不管鲍德里亚如何阐述"消失",他和他的批判此刻都应该在场。

参考文献

阿尔都塞,2010. 保卫马克思[M]. 顾良,译. 北京:商务印书馆.

阿尔都塞,2011. 意识形态与意识形态国家机器:研究笔记[M]//哲学与政治:阿尔
    都塞读本. 陈越,编译. 长春:吉林人民出版社.

阿尔都塞,2017. 读《资本论》[M]. 李其庆,冯文光,译. 2 版. 北京:中央编译出
    版社.

安德森,1981. 西方马克思主义探讨[M]. 高铦等,译. 北京:人民出版社.

巴迪欧,2014. 哲学宣言[M]. 蓝江,译. 南京:南京大学出版社.

巴迪欧,2015a. 柏拉图的理想国[M]. 曹丹红,胡蝶,译. 郑州:河南大学出版社.

巴迪欧,2015b. 圣保罗[M]. 董斌孜孜,译. 桂林:漓江出版社.

巴迪欧,2018. 存在与事件[M]. 蓝江,译. 南京:南京大学出版社.

巴迪欧,2020. 资本主义下的生态斗争缺少力量[N/OL]. https://www. thepaper.
    cn/newsDetail_forward_9240280.

巴塔耶,2019. 被诅咒的部分[M]. 刘云虹,胡陈尧,译. 南京:南京大学出版社.

巴特,2005. 罗兰·巴特随笔选[M]. 怀宇,译. 天津:百花文艺出版社.

巴特,2008. 符号学原理[M]. 李幼蒸,译. 北京:中国人民大学出版社.

巴特,2016. 流行体系[M]. 敖军,译. 3 版. 上海:上海人民出版社.

巴特,2019. 神话学[M]. 江灏,译. 台北:麦田出版社.

鲍德里亚,1998. 拟仿物与拟像[M]. 洪凌,译. 台北:时报文化出版公司.

鲍德里亚,2005. 生产之镜[M]. 仰海峰,译. 北京:中央编译出版社.

鲍德里亚,2007. 消失的技法:西方摄影文论选[M]. 顾铮,编译. 杭州:浙江摄影出
　　版社.

鲍德里亚,2009a. 冷记忆:第 1 卷[M]. 张新木,李万文,译. 南京:南京大学出
　　版社.

鲍德里亚,2009b. 冷记忆:第 2 卷[M]. 张新木,王晶,译. 南京:南京大学出版社.

鲍德里亚,2011a. 论诱惑[M]. 张新木,译. 南京:南京大学出版社.

鲍德里亚,2011b. 美国[M]. 张生,译. 南京:南京大学出版社.

鲍德里亚,2012. 象征交换与死亡[M]. 车槿山,译. 南京:译林出版社.

鲍德里亚,2013. 冷记忆:第 5 卷[M]. 张新木,姜海佳,译. 南京:南京大学出版社.

鲍德里亚,2014. 消费社会[M]. 刘成富,全志刚,译. 4 版. 南京:南京大学出版社.

鲍德里亚,2015a. 符号政治经济学批判[M]. 夏莹,译. 2 版. 南京:南京大学出
　　版社.

鲍德里亚,2015b. 艺术的共谋[M]. 张新木,杨全强,戴阿宝,译. 南京:南京大学出
　　版社.

鲍德里亚,2015c. 致命的策略:关于诸多极端现象的随笔[M]. 刘翔,戴阿宝,译.
　　南京:南京大学出版社.

鲍德里亚,2017. 为何一切尚未消失[M]. 张晓明,译. 南京:南京大学出版社.

鲍德里亚,2018. 物体系[M]. 林志明,译. 上海:上海人民出版社.

鲍德里亚,2019. 恶的透明性:关于诸多极端现象的随笔[M]. 王晴,译. 西安:西北
　　大学出版社.

贝尔,2007. 资本主义文化矛盾[M]. 严蓓雯,译. 南京:江苏人民出版社.

本韦尼斯特,2008. 普通语言学问题[M]. 王东亮,译. 北京:生活・读书・新知三
　　联书店.

本雅明,2007. 发达资本主义时代的抒情诗人[M]. 张旭东,魏文生,译. 2 版. 北
　　京:生活・读书・新知三联书店.

本雅明,2015. 单向街[M]. 陶林,译. 南京:江苏凤凰文艺出版社.

波兰尼,2005. 个人知识:朝向后批判哲学[M]. 徐陶,译. 上海:上海人民出版社.

波斯特,2005. 第二媒介时代[M]. 范静晔,译. 南京:南京大学出版社.

陈越,2003. 哲学与政治:阿尔都塞读本[M]. 长春:吉林人民出版社.

丹纳赫,斯奇拉托,韦伯,2002. 理解福柯[M]. 刘瑾,译. 天津:百花文艺出版社.

德波,2006. 景观社会[M]. 王昭风,译. 南京:南京大学出版社.

多斯,2012. 解构主义史[M]. 季广茂,译. 北京:金城出版社.

福柯,2003. 规训与惩罚:监狱的诞生[M]. 刘北成,杨远婴,译. 北京:生活·读
　　书·新知三联书店.

哈贝马斯,2011. 现代性的哲学话语[M]. 曹卫东,译. 南京:译林出版社.

黑格尔,1980. 小逻辑[M]. 贺麟,译. 北京:商务印书馆.

胡泳,2008. 众声喧哗:网络时代的个人表达与公共讨论[M]. 桂林:广西师范大学
　　出版社.

胡泳,2019. 理解麦克卢汉[J]. 国际新闻界(1).

胡泳,2020. 数字位移:重新思考数字化[M]. 北京:中国人民大学出版社.

黄颂杰,1989. 弗洛姆著作精选:人性·社会·拯救[M]. 上海:上海人民出版社.

霍克海默,1989. 批判理论[M]. 李小兵,译. 重庆:重庆出版社.

霍克海默,阿多诺,2006. 启蒙辩证法[M]. 渠敬东,曹卫东,译. 上海:上海世纪出
　　版集团.

霍克斯,1997. 结构主义和符号学[M]. 瞿铁鹏,译. 上海:上海译文出版社.

霍克斯,2018. 结构主义与符号学[M]. 瞿铁鹏,译. 上海:上海译文出版社.

霍洛克斯,2005. 鲍德里亚与千禧年[M]. 王文华,译. 北京:北京大学出版社.

杰姆逊,2000. 后现代主义与文化理论[M]. 唐小兵,译. 北京:北京大学出版社.

凯尔纳,2005. 波德里亚:批判性的读本[M]. 陈维振等,译. 南京:江苏人民出
　　版社.

凯尔纳,贝斯特,2011. 后现代理论:批判性的质疑[M]. 张志斌,译. 北京:中央编译出版社.

科拉科夫斯基,2015. 马克思主义的主要流派[M]. 唐少杰等,译. 哈尔滨:黑龙江大学出版社.

夸特罗其,耐仁,2001. 法国 1968:终结的开始[M]. 赵刚,译. 北京:生活·读书·新知三联书店.

拉克劳,墨菲,2003. 领导权与社会主义的策略:走向激进民主政治[M]. 尹树广等,译. 哈尔滨:黑龙江人民出版社.

莱恩,2016. 导读鲍德里亚[M]. 柏愔,董晓蕾,译. 2 版. 重庆:重庆大学出版社.

蓝江,2016. 从革命的无产阶级到事件中的"非在":法国马克思主义的主体的嬗变历程[J]. 杭州师范大学学报:社会科学版(1).

蓝江,2018. 忠实于事件本身:巴迪欧哲学思想导论[M]. 北京:北京师范大学出版社.

利奥塔尔,2011. 后现代状态[M]. 车槿山,译. 南京:南京大学出版社.

列斐伏尔,2015. 空间与政治[M]. 李春,译. 上海:上海人民出版社.

列斐伏尔,2017. 马克思的社会学[M]. 谢永康,毛林林,译. 北京:北京师范大学出版社.

列斐伏尔,2018a. 都市革命[M]. 刘怀玉,张笑夷,郑劲超,译. 北京:首都师范大学出版社.

列斐伏尔,2018b. 日常生活批判[M]. 叶齐茂,倪晓晖,译. 北京:社会科学文献出版社.

刘文嘉,2015. 不得不说,消费已经成了你的"哲学"[N/OL]. http://opinion.china. com. cn/opinion_82_140582. html.

刘文嘉,2020. 关注疫情防控中的"新动力人群"[N]. 光明日报,3 月 11 日(2).

刘文嘉,2021. 讲文化故事,李子柒是个参考答案[N]. 光明日报,2 月 14 日(2).

刘翔,2012. 采取物的立场[M]. 北京:中国社会科学出版社.

卢卡奇,1999. 历史与阶级意识[M]. 杜章智,任立,燕宏远,译. 北京:商务印书馆.

卢卡奇,2015. 审美特性[M]. 徐恒醇,译. 北京:社会科学文献出版社.

罗素,2009. 西方哲学史:下卷[M]. 马元德,译. 北京:商务印书馆.

马尔库塞,1983. 历史唯物主义的基础[M]. 复旦大学哲学系现代西方哲学研究
　　室,编译. 上海:复旦大学出版社.

马尔库塞,2008. 单向度的人:发达工业社会意识形态研究[M]. 刘继,译. 上海:上
　　海译文出版社.

马尔库塞,2018. 爱欲与文明[M]. 黄勇,薛民,译. 上海:上海译文出版社.

马克思,恩格斯,1994. 马克思恩格斯选集:第1卷[M]. 北京:人民出版社.

马克思,恩格斯,2006. 马克思恩格斯全集:第6卷[M]. 北京:人民出版社.

马克思,恩格斯,2009a. 马克思恩格斯文集:第5卷[M]. 北京:人民出版社.

马克思,恩格斯,2009b. 马克思恩格斯文集:第2卷[M]. 北京:人民出版社.

麦克卢汉,2016. 媒介即按摩:麦克卢汉媒介效应一览[M]. 何道宽,译. 北京:机械
　　工业出版社.

麦克卢汉,2019. 理解媒介:论人的延伸[M]. 何道宽,译. 南京:译林出版社.

萨特,2007a. 存在与虚无[M]. 陈宣良,译. 3版. 北京:生活·读书·新知三联
　　书店.

萨特,2007b. 他人就是地狱:萨特自由选择论集[M]. 关群德等,译. 天津:天津人
　　民出版社.

索绪尔,2019. 普通语言学教程[M]. 高名凯,译. 北京:商务印书馆.

吴宁,2005. 列斐伏尔日常生活批判理论评析[J]. 中共浙江省委党校学报(4).

夏莹,2007. 消费社会理论及其方法论导论[M]. 北京:中国社会科学出版社.

夏莹,2014. 拜物教的幽灵:当代西方马克思主义社会批判的隐性逻辑[M]. 南京:
　　江苏人民出版社.

夏莹,2017. 鲍德里亚的"hyper-概念群"及其对现代性理论的极限演绎[J]. 世界哲学(6).

夏莹,2018."诱惑":对抗生产的表象游戏——对鲍德里亚《诱惑》的一种解读[J]. 山东社会科学(12).

夏莹,2019a. 从批判到抗争:西方马克思主义的嬗变及其当代形态[M]. 北京:清华大学出版社.

夏莹,2019b. 无主体的主体性:当代法国哲学中的主体政治系谱学[J]. 贵州大学学报:社会科学版(4).

仰海峰,2004. 走向后马克思:从生产之镜到符号之镜[M]. 北京:中央编译出版社.

仰海峰,2010. 西方马克思主义的逻辑[M]. 北京:北京大学出版社.

仰海峰,2018. 符号之境:早期鲍德里亚思想的文学解读[M]. 北京:北京师范大学出版社.

詹明信,1997. 晚期资本主义的文化逻辑[M]. 陈清桥等,译. 北京:生活·读书·新知三联书店.

詹姆逊,2018. 重读资本论[M]. 胡志国,陈清贵,译. 北京:中国人民大学出版社.

张亮,2019. 展望20世纪国外马克思主义研究的未来发展走向[J]. 社会科学家(12).

张一兵,2008. 拟像、拟真与内爆的布尔乔亚世界:鲍德里亚《象征交换与死亡》研究[J]. 江苏社会科学(6).

张一兵,2009. 反鲍德利亚:一个后现代学术神话的祛序[M]. 北京:商务印书馆.

张一兵,2011. 代译序[M]//鲍德里亚,论诱惑. 张新木,译. 南京:南京大学出版社.

张一兵,2015. 符号之谜:物质存在的化蝶幻象[M]//鲍德里亚,符号政治经济学批判. 夏莹,译. 2版. 南京:南京大学出版社.

张一兵,2017. 当代国外马克思主义研究[M]. 北京:北京师范大学出版社.

张一兵,2020. 回到马克思[M]. 4版. 南京:江苏人民出版社.

张一兵,胡大平,2003. 西方马克思主义哲学的历史逻辑[M]. 南京:南京大学出版社.

Baudrillard, Jean, 1975. The Mirror of Production[M]. Mark Poster, trans. St. Louis: Telos Press.

Baudrillard, Jean, 1981. For a Critique of the Political Economy or the Sign[M]. St. Louis: Telos Press.

Baudrillard, Jean, 1987. Forget Foucault[M]. New York: Semiotext.

Baudrillard, Jean, 1988a. America[M]. New York: Verso.

Baudrillard, Jean, 1988b. The Ecstasy of Communication [M]. New York: Semiotext.

Baudrillard, Jean, 1989. Looking Back on the End of the World[M]. Dietmar Kamper, Christoph Wulf, eds. David Antal, trans. New York: Semiotext.

Baudrillard, Jean, 1990a. Cool Memories[M]. Chris Turner, trans. NewYork: Verso.

Baudrillard, Jean, 1990b. Seduction[M]. Brian Singer, trans. New York: St. Martins Press.

Baudrillard, Jean, 1993. Symbolic Exchange and Death[M]. Hamilton Grant, trans. Mike Gane, intro. London: Sage.

Baudrillard, Jean, 1994. Simulacra and Simulation [M]. Sheila Faria Glaser, trans. Ann Arbor: The University of Michigan Press.

Baudrillard, Jean, 1995. The Gulf War Did Not Take Place[M]. Paul Patton, trans. Sydney: Power.

Baudrillard, Jean, 1996a. Cool Memories II[M]. Chris Turner, trans. Durham: Duke University Press.

Baudrillard, Jean, 1996b. The System of Objects[M]. New York: Verso.

Baudrillard, Jean, 1997a. Fragments: Cool Memories I[M]. Emily Agar, trans. New York: Verso.

Baudrillard, Jean, 1997b. The Perfect Crime[M]. Chris Turner, trans. New York: The Guilford Press.

Baudrillard, Jean, 1998. The Consumer Societ Myths and Structures [M]. London: Sage.

Baudrillard, Jean, 2000. Fatal Strategies: Crystal Revenge[M]. Philip Beitchman, trans. Niesluchowski, ed. Jim Floming: Semi-Otext(E)/Pluto.

Butler, Rex, 1999. Jean Baudrillard: The Defence of the Real[M]. London: Sage.

Callinicos, Alex, 1989. Against Postmodernism: A Marxist Critique [M]. Cambridge: Polity.

Gane, Mike, 1991. Baudrillard's Bestiary: Baudrillard and Culture[M]. London: Routledge.

Gane, Mike, 1993. Baudrillard Live: Selected Interviews [M]. London: Routledge.

Gane, Mike, 2000. Jean Baudrillard[M]. London: Sage.

Genosko, Gary, 1994. Baudrillard and Signs: Signification Ablaze[M]. London: Routledge.

Kellner, Douglas, 1989. Jean Baudrillard: From Marxism to Postmodernism and Beyond[M]. Stanford: Stanford University Press.

Lane, Richard, 2000. Jean Baudrillard[M]. London: Routledge.

Levin, Charles, 1996. Jean Baudrillard: A Study in Cultural Metaphysics[M]. London: Prentice Hall.

Rojek, C. , B. S. Turner, 1993. Forget Baudrillard[M]. London: Routledge.

图书在版编目(CIP)数据

拟真化生存:鲍德里亚媒介批判理论研究 / 刘文嘉
著. — 北京:商务印书馆, 2022
ISBN 978-7-100-20961-8

Ⅰ.①拟… Ⅱ.①刘… Ⅲ.①传播媒介—研究 Ⅳ.
①G206.2

中国版本图书馆CIP数据核字(2022)第051491号

拟真化生存
鲍德里亚媒介批判理论研究
刘文嘉　著

商 务 印 书 馆 出 版
(北京王府井大街36号　邮政编码 100710)
商 务 印 书 馆 发 行
南京新世纪联盟印务有限公司印刷
ISBN 978-7-100-20961-8

2022年6月第1版　　　开本 889×1194　1/32
2022年6月第1次印刷　　印张 6½

定价:48.00元